Impressum
Verlag: BABADADA GmbH, Nedderfeld 112 , 22529 Hamburg
Geschäftsführer / Verlagsleitung: Harald Hof
Druck: Books on Demand GmbH, In de Tarpen 42, 22848 Norderstedt

Imprint
Publisher: BABADADA GmbH, Nedderfeld 112 , 22529 Hamburg, Germany
Managing Director / Publishing direction: Harald Hof
Print: Books on Demand GmbH, In de Tarpen 42, 22848 Norderstedt

AF187408

σχολείο

ishuri

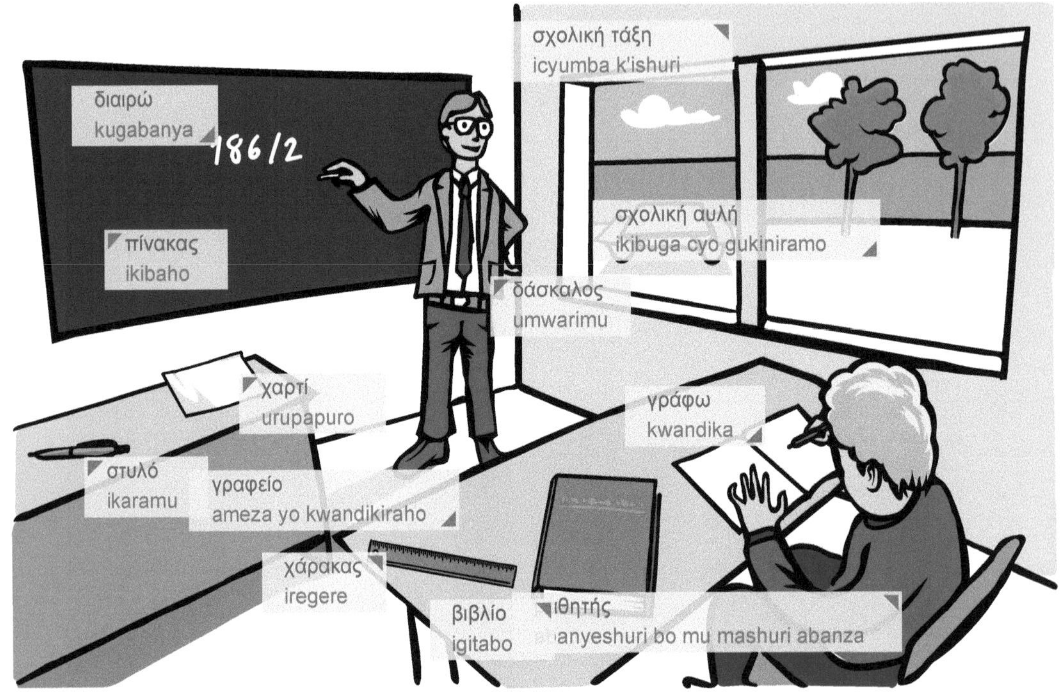

σχολική τάξη
icyumba k'ishuri
διαιρώ
kugabanya
186/2
πίνακας
ikibaho
σχολική αυλή
ikibuga cyo gukiniramo
δάσκαλος
umwarimu
χαρτί
urupapuro
γράφω
kwandika
στυλό
ikaramu
γραφείο
ameza yo kwandikiraho
χάρακας
iregere
βιβλίο
igitabo
ιθητής
anyeshuri bo mu mashuri abanza

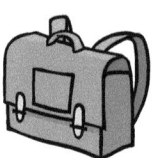

σχολική τσάντα

agahago k'ishuri

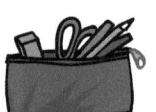

κασετίνα/ μολυβοθήκη

agasanduku k'amakaramu y'igiti

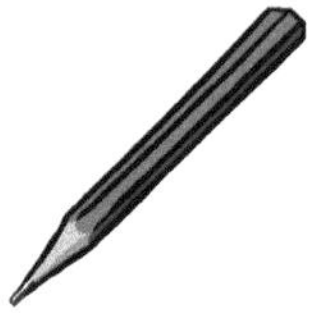

μολύβι

ikaramu y'igiti

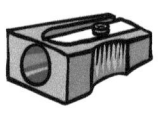

ξύστρα

tayekereyo

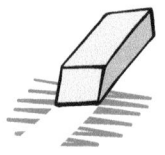

γόμα

igome

μπλοκ ζωγραφικής

ikayi yo gushushanya

ζωγραφική

igishushanyo

πινέλο

uburoso bwo gusigisha

κουτί χρωμάτων

agasanduku k'amarangi y'amabara

ψαλίδι

umukasi

κόλλα

kore

τετράδιο ασκήσεων

ikayi y'imyitozo

εργασία για το σπίτι

umukoro w'imuhira

αριθμός

umubare

προσθέτω

guteranya

αφαιρώ

gukuramo

πολλαπλασιάζω

gukuba

υπολογίζω

kubara

γράμμα

ibaruwa

αλφάβητο

inyuguti uko zikurikirana

λέξη

ijambo

κείμενο

umwandiko

διαβάζω

gusoma

κιμωλία

ingwa

μάθημα

isomo

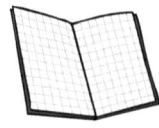

εγγράφομαι

igitabo cyo
kwiyandikishamo

τεστ

ikizami

πιστοποιητικό

impamyabumenyi

μαθητική στολή

umwambaro w'ishuri

εκπαίδευση

uburezi

εγκυκλοπαίδεια

inkoranyamagambo

πανεπιστήμιο

kaminuza

μικροσκόπιο

mikorosikope

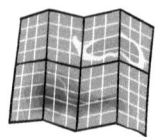

χάρτης

ikarita

καλάθι αχρήστων

pubere

ταξίδι
urugendo

ξενοδοχείο
hoteli
Grand
ξενώνας
inzu y'amacumbi
ανταλλακτήρια συναλλάγματος
ku muvunjayi
CHANGE
βαλίτσα
ivarisi
αυτοκίνητο
imodoka

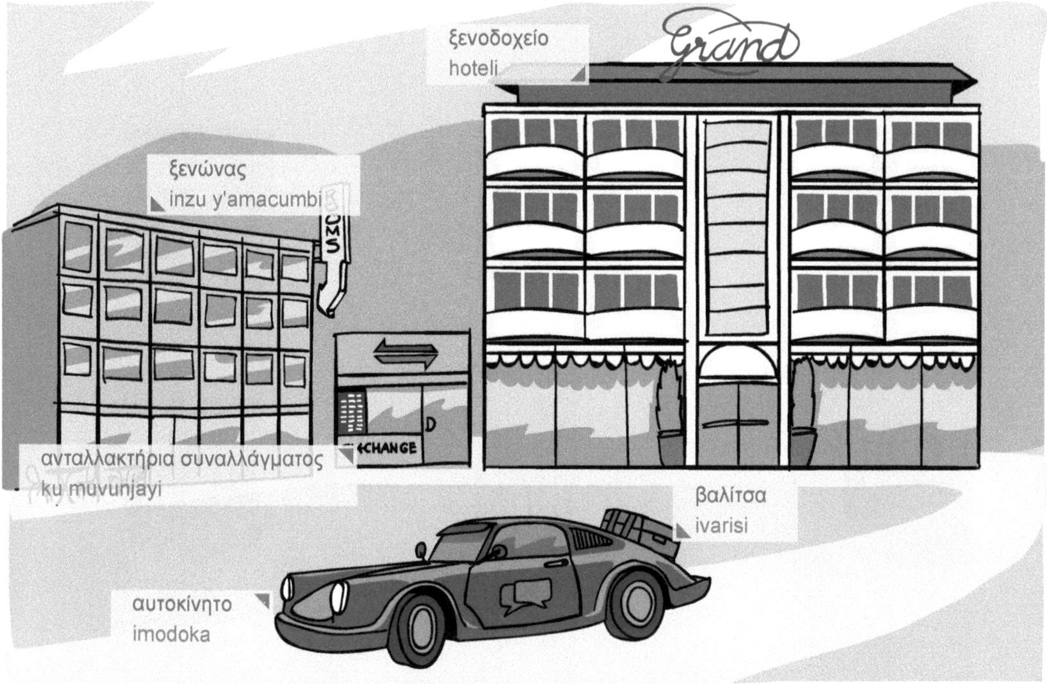

γλώσσα
....
ururimi

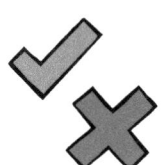

ναι / όχι
....
yego / oya

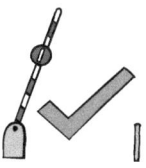

εντάξει
....
Yego

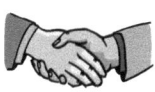

γεια σου
....
bite

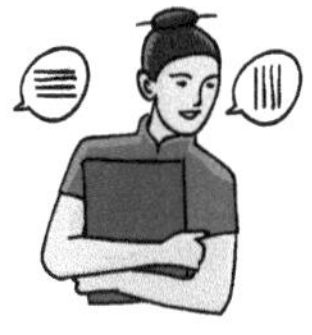

μεταφραστής
....
umusemuzi

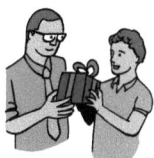

Ευχαριστώ
....
Murakoze

πόσο κάνει ;
ni angahe…?

Δε καταλαβαίνω
Sinsobanukiwe

πρόβλημα
ikibazo

Καλησπέρα!
wiriwe!

Καλημέρα!
Waramutse

Καληνύχτα!
Ijoro ryiza

Αντίο
bayi

κατεύθυνση
ikerekezo

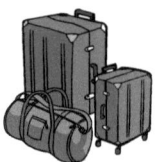

αποσκευές
imizigo

τσάντα
igikapo

σακίδιο πλάτης
igikapo baheka

καλεσμένος
umushyitsi

δωμάτιο
icyumba

υπνόσακος
agafuko baryamamo

σκηνή
ihema

τουριστικές πληροφορίες

amakuru y'ahasurwa na ba mukerarugendo

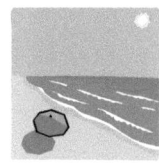

παραλία

ku musenyi wo ku mazi

πιστωτική κάρτα

ikarita ya banki

πρωινό

ifunguro ryo gusamura

μεσημεριανό

ifunguro rya ku manywa

δείπνο

ifunguro rya nimugoroba

εισιτήριο

itike

ανελκυστήρας

asanseri

γραμματόσημο

itembure

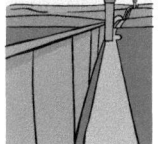

σύνορα

umupaka

τελωνείο

gasutamo

πρεσβεία

ambasade

βίζα

viza

διαβατήριο

pasiporo

μεταφορά
gutwara abantu n'ibintu

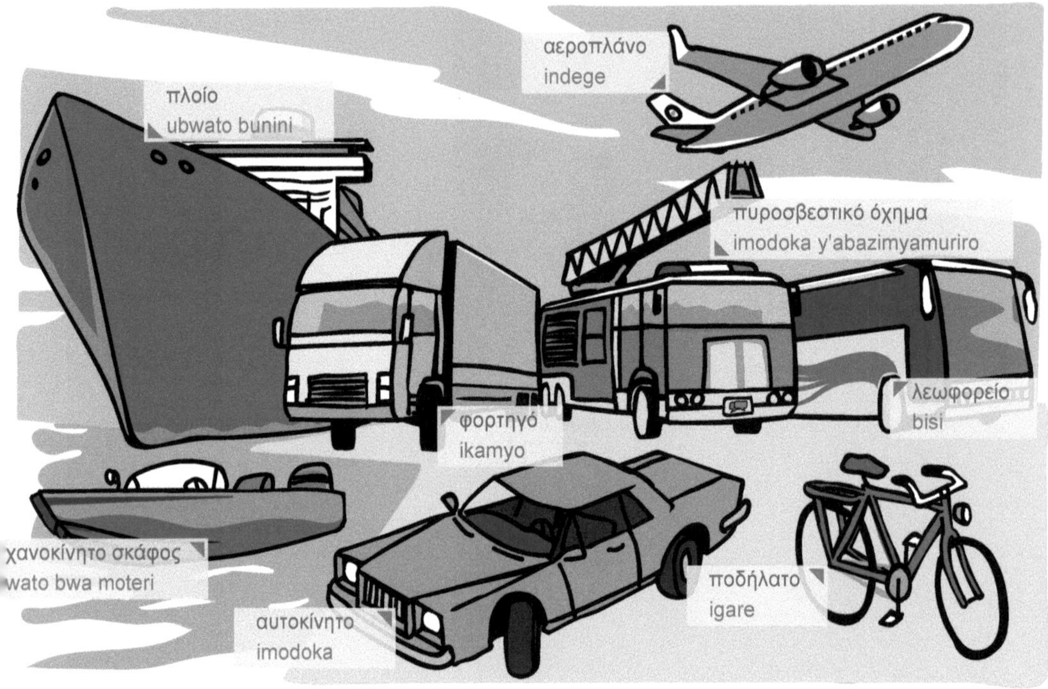

αεροπλάνο
indege
πλοίο
ubwato bunini
πυροσβεστικό όχημα
imodoka y'abazimyamuriro
λεωφορείο
bisi
φορτηγό
ikamyo
χανοκίνητο σκάφος
wato bwa moteri
ποδήλατο
igare
αυτοκίνητο
imodoka

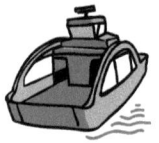

φεριμπότ

ubwato bwambutsa imizigo n'abantu

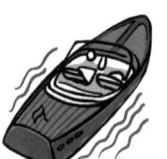

βάρκα

ubwato

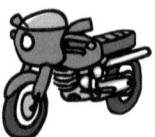

μοτοσικλέτα

ipikipiki

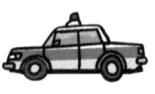

περιπολικό

imodoka ya polisi

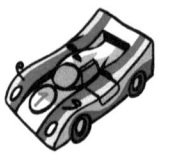

αγωνιστικό αυτοκίνητο

imodoka ya kuruse

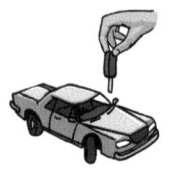

ενοικιαζόμενο αυτοκίνητο

imodoka ikodeshwa

διαμοιρασμός αυτοκινήτων

gusangira imodoka

γερανός

imodoka iterura izindi

απορριμματοφόρο

imodoka iyora imyanda

κινητήρας

moteri

καύσιμο

lisansi

βενζινάδικο

sitasiyo ya lisansi

πινακίδα σήμανσης

icyapa kiyobora imodoka

κυκλοφορία

urujya n'uruza rw'imodoka

κυκλοφοριακή συμφόρηση

ambuteyaje

χώρος στάθμευσης

parikingi y'imodoka

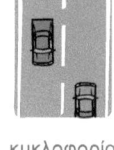

σιδηροδρομικός σταθμός

gare ya gariyamoshi

σιδηροδρομικές γραμμές

inzira ya gariyamoshi

τρένο

gariyamoshi

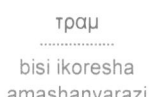

τραμ

bisi ikoresha amashanyarazi

βαγόνι

agatete k'imizigo gakururwa n'imodoka

ελικόπτερο

kajugujugu

αεροδρόμιο

ikibuga k'indege

πύργος

umunara

επιβάτης

umugenzi

εμπορευματοκιβώτιο

konteneri

χαρτοκιβώτιο

ikarito

καρότσι

akagorofani ko mu iduka

καλάθι

agaseke

απογειώνομαι /
προσγειόνομαι

kuguruka / kururuka

πόλη

umugi

χωριό

umudugudu

κέντρο της πόλης

mu mujyi rwagati

σπίτι

inzu

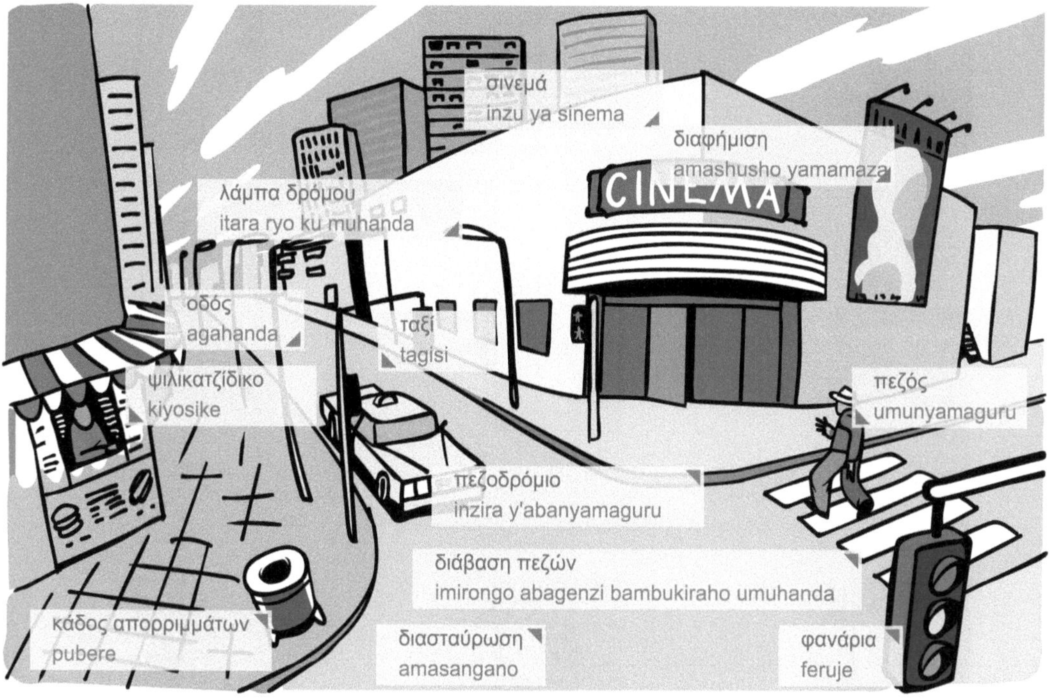

σινεμά
inzu ya sinema

διαφήμιση
amashusho yamamaza

CINEMA

λάμπα δρόμου
itara ryo ku muhanda

οδός
agahanda

ταξί
tagisi

ψιλικατζίδικο
kiyosike

πεζός
umunyamaguru

πεζοδρόμιο
inzira y'abanyamaguru

διάβαση πεζών
imirongo abagenzi bambukiraho umuhanda

κάδος απορριμμάτων
pubere

διασταύρωση
amasangano

φανάρια
feruje

καλύβα

akaruri

διαμέρισμα

inzu ifatanye n'izindi

σιδηροδρομικός σταθμός

gare ya gariyamoshi

δημαρχείο

ibiro bya meya

μουσείο

inzu ndangamurage

σχολείο

ishuri

πανεπιστήμιο

kaminuza

τράπεζα

banki

νοσοκομείο

ibitaro

ξενοδοχείο

hoteli

φαρμακείο

farumasi

γραφείο

ibiro

βιβλιοπωλείο

inzu bagurishirizamo ibitabo

κατάστημα

iduka

ανθοπωλείο

umucuruzi w'indabo

σούπερ μάρκετ

amangazini manini

αγορά

isoko

πολυκατάστημα

idepo

ιχθυοπωλείο

umucuruzi w'amafi

εμπορικό κέντρο

iduka rinini

λιμάνι

icyambu

πάρκο

parike

παγκάκι

intebe y'urubaho

γέφυρα

iteme

σκάλες

amadarajya

μετρό

inzira yo munsi y'ubutaka

τούνελ

umuhanda wo munsi y'ubutaka

στάση λεωφορείου

icyapa cya bisi

μπαρ

bare

εστιατόριο

resitora

γραμματοκιβώτιο

agasanduku k'amabaruwa

πινακίδα δρόμου

icyapa cyo ku muhanda

παρκόμετρο

mubazi ya parikingi

ζωολογικός κήπος

zoo

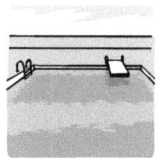

πισίνα

pisine

τζαμί

umusigiti

αγρόκτημα
ifamu

ρύπανση
kwangiza umwuka

νεκροταφείο
irimbi

εκκλησία
ikiriziya

παιδική χαρά
ikibuga k'imikino

ναός
urusengero

τοπίο
umurambi

φύλλο
ikibabi

πινακίδα κατεύθυνσης
icyapa kiyobora

δρόμος
inzira

λιβάδι
umukenke

πέτρα
ibuye

δέντρο
igiti

πεζοπόρος
umuntu utembera mu misozi

ποτάμι
umugezi

χορτάρι
ibyatsi

λουλούδι
indabo

κοιλάδα	λόφος	λίμνη
ikibaya	agasozi	ikiyaga
	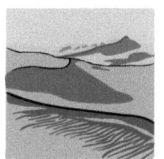	
δάσος	έρημος	ηφαίστειο
ishyamba	ubutayu	ikirunga

κάστρο	ουράνιο τόξο	μανιτάρι
ingoro	umukororombya	icyobo

φοίνικας	κουνούπι	μύγα
ikigazi	umubu	isazi

μυρμήγκι	μέλισσα	αράχνη
intozi	uruyuki	igitagangurirwa

σκαθάρι

ikivumvuri

βάτραχος

igikeri

σκίουρος

inkima

σκαντζόχοιρος

imbuni

λαγός

urukwavu

κουκουβάγια

igihunyira

πουλί

inyoni

κύκνος

igishuhe

αγριογούρουνο

isatura

ελάφι

ingeragere

άλκη

impongo

φράγμα

urugomero

ανεμογεννήτρια

igipanga kikaraga kikazana
umuyaga

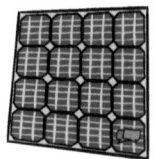

ηλιακός συλλέκτης

urubaho rukurura imirasire

κλίμα

ikirere

εστιατόριο
resitora

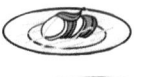

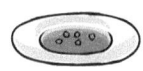

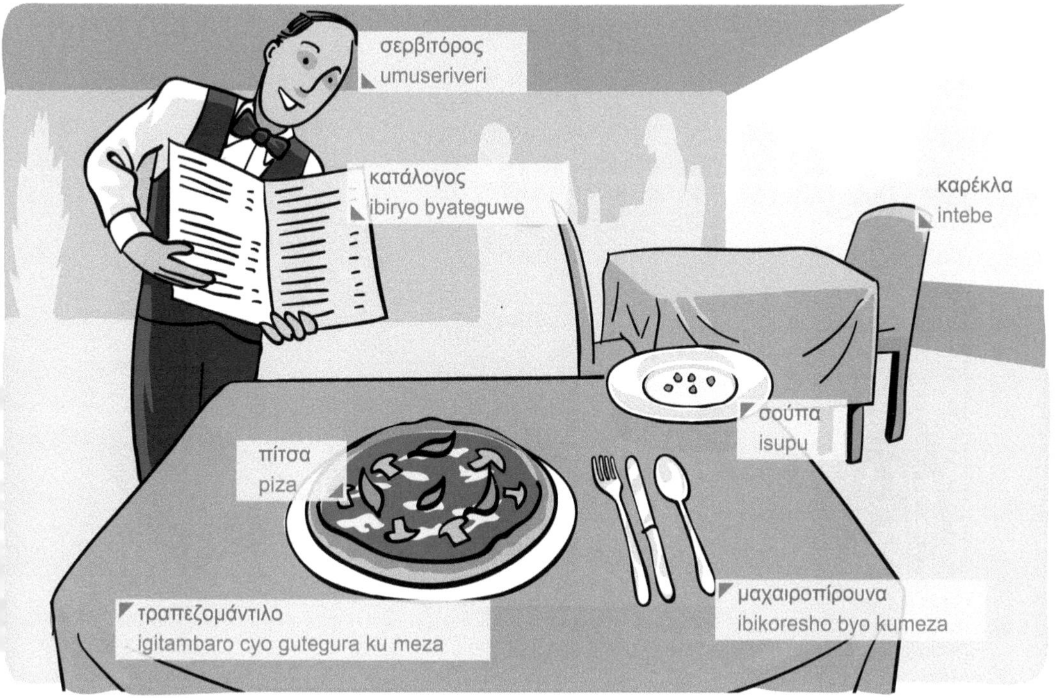
σερβιτόρος
umuseriveri
κατάλογος
ibiryo byateguwe
καρέκλα
intebe
σούπα
isupu
πίτσα
piza
τραπεζομάντιλο
igitambaro cyo gutegura ku meza
μαχαιροπίρουνα
ibikoresho byo kumeza

ορεκτικό

aperitifu

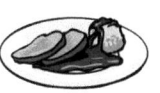

κύριο πιάτο

isahani nkuru

επιδόρπιο

deseri

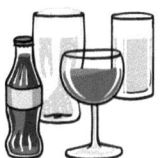

ποτά

ibinyobwa

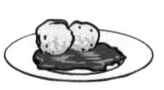

φαγητό

ibiribwa

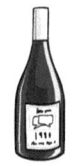

μπουκάλι

icupa

φαστ φουντ

ibiryo barya bagenda

φαγητό στ' όρθιο

ibiryo byo kumuhanda

τσαγιέρα

ibirika y'icyayi

δοχείο ζάχαρης

agakombe k'isukari

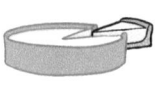

μερίδα

isahani y'ibiryo

μηχανή εσπρέσο

imashini y'ikawa ya esipereso

ψηλή καρέκλα

intebe ndende

λογαριασμός

inyemezabuguzi

δίσκος

ipurato

μαχαίρι

icyuma

πιρούνι

ikanya

κουτάλι

ikiyiko

κουταλάκι του τσαγιού

akayiko k'icyayi

πετσέτα φαγητού

seriviyete

ποτήρι

ikirahure cyo kunywesha

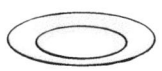

πιάτο

isahani

πιάτο σούπας

isahani y'isupu

πιατάκι φλιτζανιού

agasutasi

σάλτσα

isosi

αλατιέρα

agacupa k'umunyu

μύλος για πιπέρι

agasekuru k'urusenda

ξύδι

vinegere

λάδι

amavuta

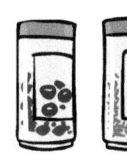

μπαχαρικά

ibirunge

κέτσαπ

kecapu

μουστάρδα

mutaride

μαγιονέζα

mayonezi

σούπερ μάρκετ

amangazini manini

προσφορά
igiciro kidasanzwe
FOR
πελάτης
umukiriya
γαλακτοκομικά προϊόντα
ibiva mu mata
φρούτα
imbuto
καρότσι για ψώνια
akagorofani ko mu iduka

BUTCHERS

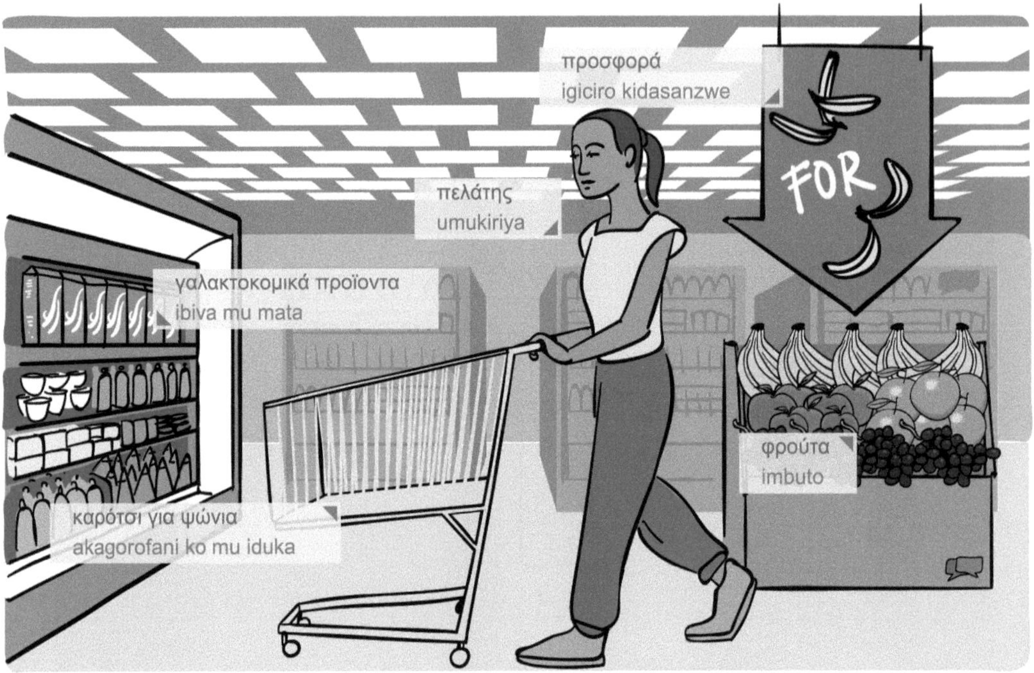

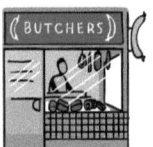

κρεοπωλείο

busheri

BAKERY

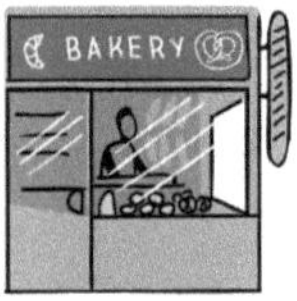

φούρνος

buranjeri

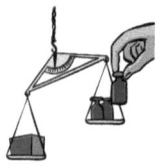

ζυγίζω

gupima ibiro

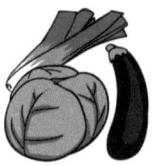

λαχανικά

imboga

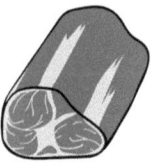

κρέας

inyama

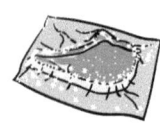

κατεψυγμένα τρόφιμα

ibiryo bakonjesheje

αλλαντικά

inyama zikonje

κονσερβοποιημένη τροφή

ibiryo byo mu makopo

απορρυπαντικό ρούχων

isabune y'ifu

γλυκά

bombo

οικιακά είδη

ibikoresho byo mu rugo

καθαριστικά προϊόντα

imiti isukura

πωλήτρια

umucuruzikazi

ταμείο

kukesa

ταμίας

umubitsi

λίστα για ψώνια

urutonde rwo guhaha

ωράριο λειτουργίας

amasaha haba hafunguye

πορτοφόλι

ipotomoni

πιστωτική κάρτα

ikarita ya banki

τσάντα

umufuka

πλαστική σακούλα

imifuko ya pulasitike

νερό

amazi

χυμός

umutobe

γάλα

amata

κόκα κόλα

koka

κρασί

divayi

μπίρα

byeri

αλκοόλ

inzoga

κακάο

shokora ishyushye

τσάι

icyayi

καφές

ikawa

εσπρέσο

ikawa ya esipereso

καπουτσίνο

kapucino

μπανάνα

umuneke

μήλο

pome

πορτοκάλι

icunga

πεπόνι

wotameloni

λεμόνι

indimu

καρότο

karoti

σκόρδο

tungurusumu

μπαμπού

umugano

κρεμμύδι

urutunguru

μανιτάρι

icyoba

ξηροί καρποί

ubunyobwa

νουντλς

amakaroni

μακαρόνια

spageti

ρύζι

umuceri

σαλάτα

salade

πατατάκια

udufiriti

τηγανητές πατάτες

ibirayi by'ifiriti

πίτσα

piza

χάμπουργκερ

hamburugeri

σάντουιτς

sanduwici

κοτολέτα

escalope

ζαμπόν

jambo

σαλάμι

salami

λουκάνικο

sosiso

κοτόπουλο

inkoko

ψητό

kotsa

ψάρι

ifi

χυλός βρώμης

igikoma cy'uburo

μούσλι

pisitashi

κορν φλέικς

impeke

αλεύρι

ifu

κρουασάν

kuruwasa

ψωμάκι

amandazi

ψωμί

umugati

τοστ

umugati wumishijwe

μπισκότα

ibisuguti

βούτυρο

amavuta

τυρόπηγμα

forumaje year

κέικ

keke

αυγό

igi

τηγανητό αυγό

umureti

τυρί

forumaje

παγωτό

ayisikirimu

ζάχαρη

isukari

μέλι

ubuki

μαρμελάδα

konfitire

άλλειμμα σοκολάτας

shokora

κάρυ

kiri

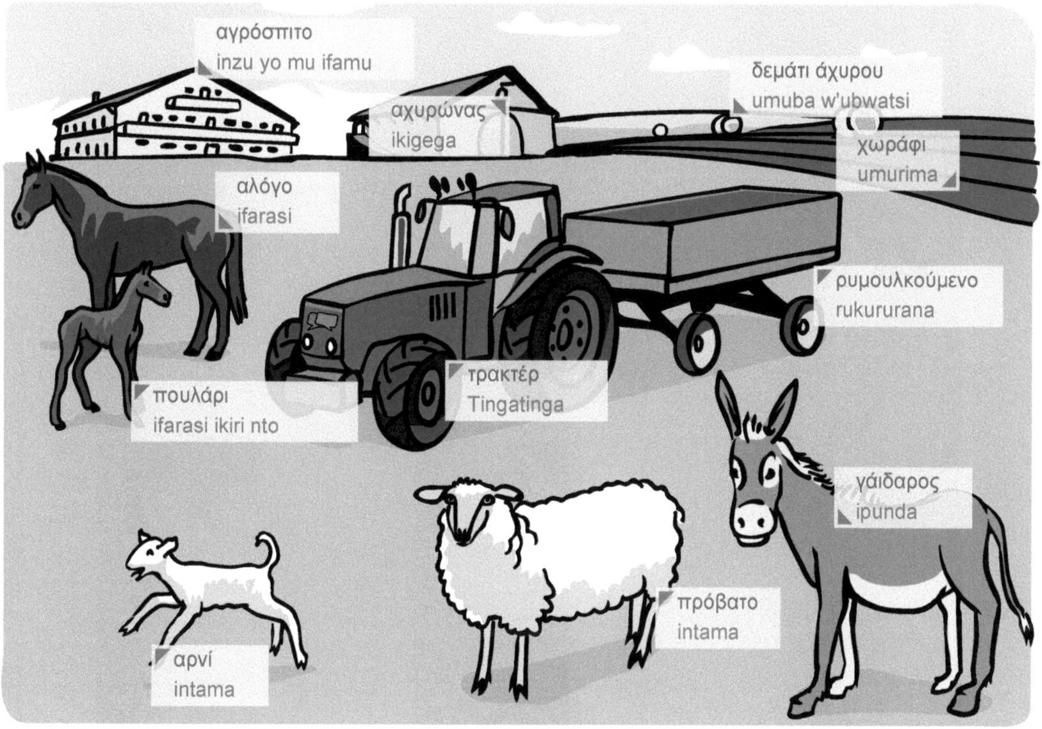

αγρόσπιτο
inzu yo mu ifamu

δεμάτι άχυρου
umuba w'ubwatsi

αχυρώνας
ikigega

χωράφι
umurima

αλόγο
ifarasi

ρυμουλκούμενο
rukururana

πουλάρι
ifarasi ikiri nto

τρακτέρ
Tingatinga

γάιδαρος
ipunda

αρνί
intama

πρόβατο
intama

κατσίκα

ihene

αγελάδα

inka

μοσχαράκι

umutavu

γουρούνι

ingurube

γουρουνάκι

ikibwana k'ingurube

ταύρος

ikimasa

χήνα

igishuhe

πάπια

imbata

κοτοπουλάκι

umushwi

κότα

inkokokazi

κόκορας

isake

αρουραίος

imbeba

γάτα

injangwe

ποντίκι

imbeba

βόδι

ikimasa

σκύλος

imbwa

σπιτάκι σκύλου

ikiruka

λάστιχο κήπου

itiyo ijyana mu karima

ποτιστήρι

arozuwari

θεριστήρι

najuru

αλέτρι

imashini ihinga

δρεπάνι

najuru

τσάπα

isuka

δίκρανο

rato

τσεκούρι

ishoka

χειράμαξα

ingorofani

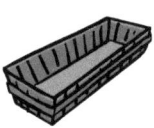

ταΐστρα

ikibumbiro

δοχείο γάλακτος

inkongoro

σάκος

igunira

φράχτης

urugo

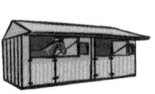

στάβλος

ikiraro

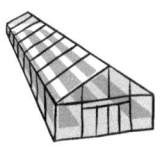

θερμοκήπιο

inzu ihingwamo

έδαφος

ubutaka

σπόρος

imbuto zo gutera

λίπασμα

ifumbire

θεριζοαλωνιστική μηχανή

imashini isarura

θερίζω

gusarura

συγκομιδή

umusaruro

γιαμς

ibikoro

σιτάρι

ingano

σόγια

soya

πατάτα

ikirayi

καλαμπόκι

ikigori

κράμβη

umwayi weze

οπωροφόρο δέντρο

igiti k'imbuto

μανιόκα

umwumbati

δημητριακά

impeke

σπίτι

inzu

καμινάδα
shemine
στέγη
igisenge
υδρορροή
umureko
παράθυρο
idirishya
γκαράζ
igaraji
κουδούνι
inzogera yo ku muryango
πόρτα
umuryango
σκουπιδοτενεκές
pubere
γραμματοκιβώτιο
agasanduku k'amabaruwa
κήπος
ubusitani

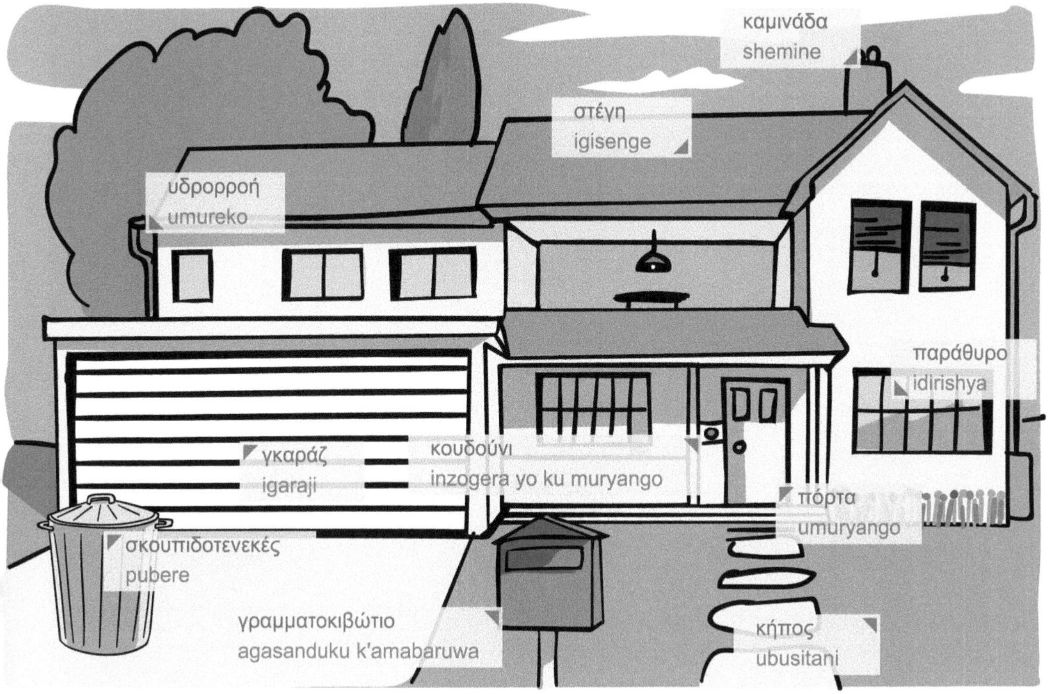

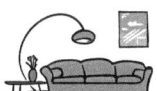

σαλόνι

icyumba cy'uruganiriro

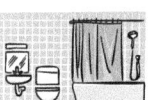

μπάνιο

ubwogero

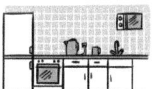

κουζίνα

igikoni

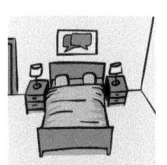

υπνοδωμάτιο

icyumba cyo kuraramo

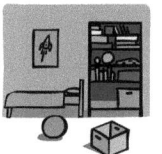

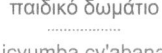

παιδικό δωμάτιο

icyumba cy'abana

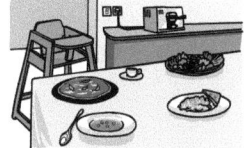

τραπεζαρία

uburiro

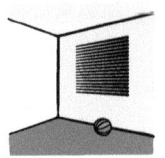

πάτωμα
hasi

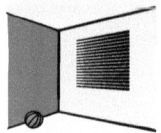

τοίχος
urukuta

οροφή
purafo

κελάρι
kave

σάουνα
sawuna

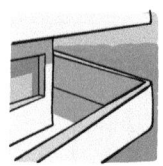

μπαλκόνι
urubaraza

βεράντα
ku rubaraza

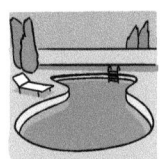

πισίνα
pisine

μηχανή του γκαζόν
imashini ikupakupa

σεντόνι
umwenda utwikira

κάλυμμα κρεβατιού
kuvureri

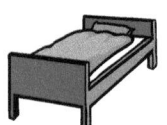

κρεβάτι
igitanda

σκούπα
umweyo

κουβάς
indobo

διακόπτης
enteributeri

σαλόνι

icyumba cy'uruganiriro

ταπετσαρία
urupapuro rwomekwa ku rukuta
φωτογραφία
ifoto
λάμπα
itara
ράφι
etajere
ντουλάπι
akabati
τηλεόραση
televiziyo
τζάκι
shemine
λουλούδι
indabo
μαξιλάρι
umusego
καναπές
ifoteyi nini
βάζο
icyungo k'indabo
τηλεκοντρόλ
terekomande

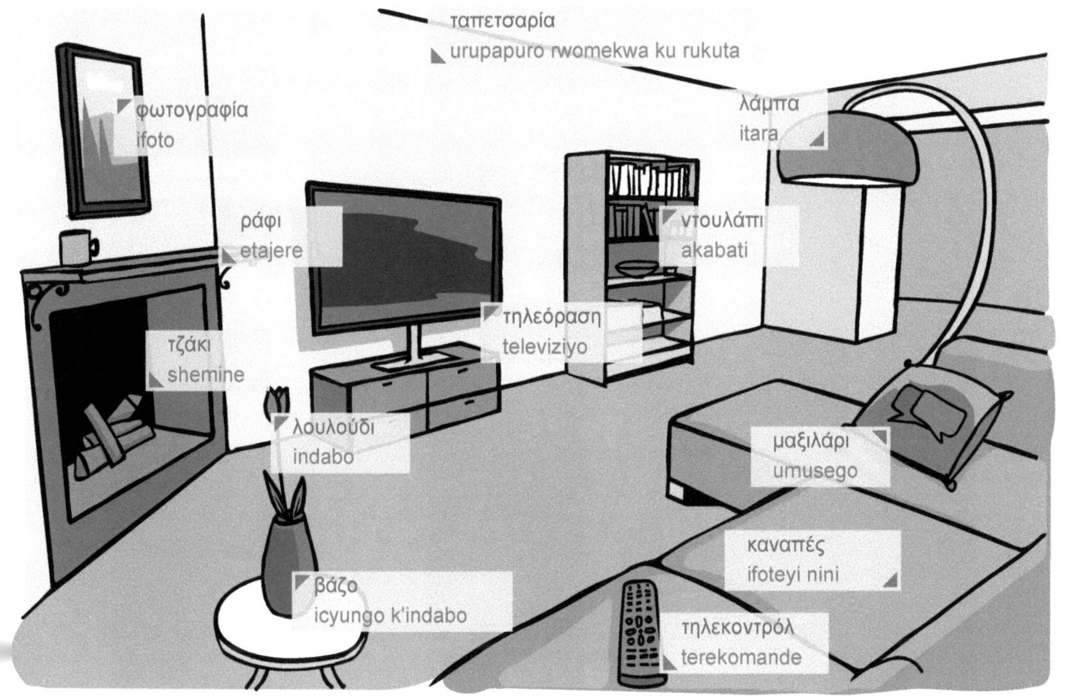

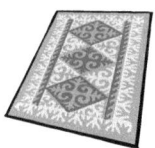

χαλί

itapi

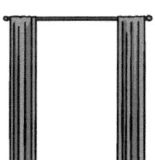

κουρτίνα

rido

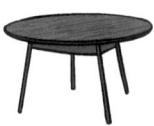

τραπέζι

ameza

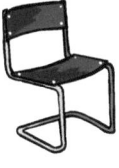

καρέκλα

intebe

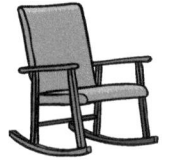

κουνιστή πολυθρόνα

intebe yizengurutsa

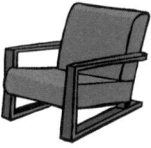

πολυθρόνα

ifoteyi

βιβλίο

igitabo

κουβέρτα

uburingiti

διακόσμηση

umutako

καυσόξυλα

inkwi

ταινία

filimi

στερεοφωνικό σύστημα

ibikoresho bya hifi

κλειδί

urufunguzo

εφημερίδα

ikinyamakuru

πίνακας ζωγραφικής

ishusho

αφίσα

icyapa

ραδιόφωνο

iradiyo

σημειωματάριο

ikarine

ηλεκτρική σκούπα

umweyo wa kizungu
ukoresha umwka

κάκτος

ikimungu

κερί

buji

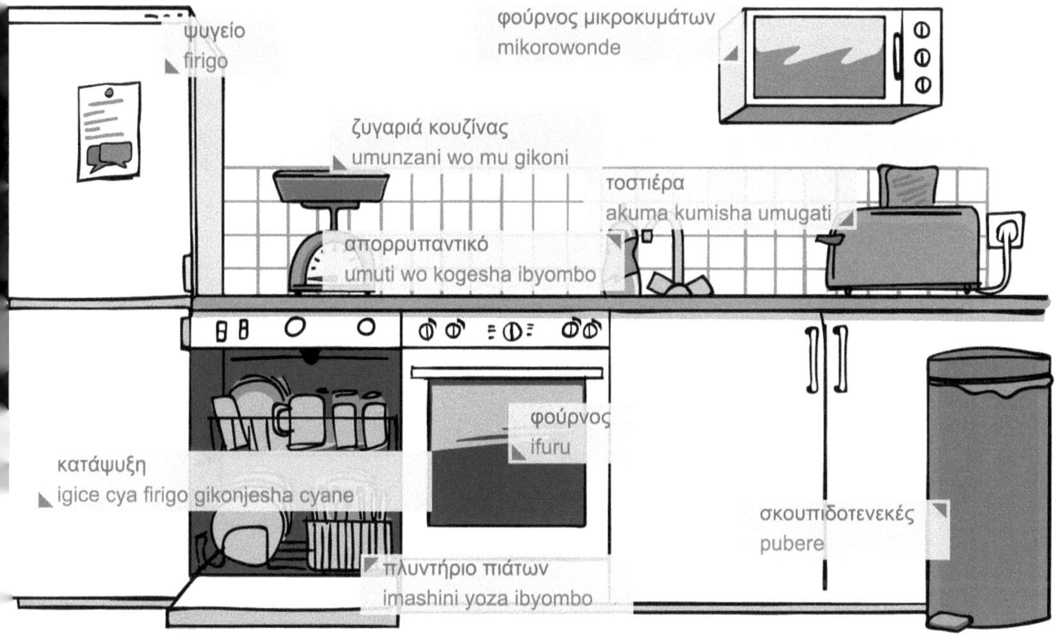

ψυγείο
firigo

φούρνος μικροκυμάτων
mikorowonde

ζυγαριά κουζίνας
umunzani wo mu gikoni

τοστιέρα
akuma kumisha umugati

απορρυπαντικό
umuti wo kogesha ibyombo

κατάψυξη
igice cya firigo gikonjesha cyane

φούρνος
ifuru

σκουπιδοτενεκές
pubere

πλυντήριο πιάτων
imashini yoza ibyombo

κουζίνα

iziko

κατσαρόλα

icyungo

μαντεμένια κατσαρόλα

inkono y'icyuma

γουόκ/καντάι

ipanu ifukuye cyane

τηγάνι

ipanu

βραστήρας

ibirika

ατμομάγειρας

isafuriya ya peresiyo

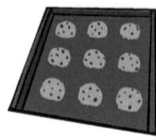

ταψί

isahani yo mu ifuru

πιατικά

ibyombo

κούπα

igikombe

μπολ

isorori

ξυλάκια

uduti abashinwa barisha

κουτάλα

ikiyiko kigabura

σπάτουλα

lkiyiko cyarura ifiriti

ανακατεύω

umutozo

σουρωτήρι

paswari

σουρωτηράκι

akayunguruzo

τρίφτης

agaharuzo ka karoti

γουδί

isekuru

ψησταριά

icyokezo

ανοιχτή φωτιά

shomine

σανίδα κοπής

akabaho ko gukatiraho imboga

πλάστης

umwuko

ανοιχτήρι φελλών

urufunguzo rwa divayi

κονσέρβα

agakopo

ανοιχτήρι κονσέρβας

urufunguzo rw'amakopo

γάντι φούρνου

umukondo w'icyungo

νεροχύτης

ravabo

βούρτσα

uburoso

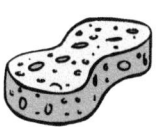

σφουγγάρι

iponji

μπλέντερ

mixer

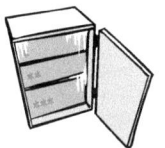

καταψύκτης

firigo itambitse

μπιμπερό

bibero

βρύση

robine

μπάνιο

ubwogero

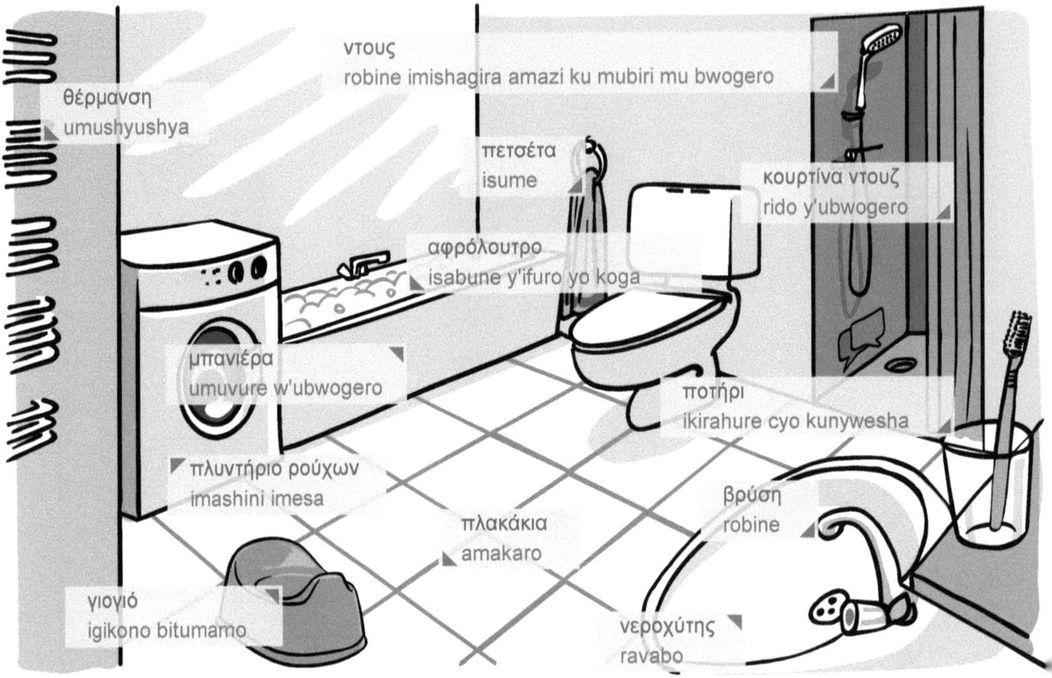

θέρμανση
umushyushya
ντους
robine imishagira amazi ku mubiri mu bwogero
πετσέτα
isume
κουρτίνα ντουζ
rido y'ubwogero
αφρόλουτρο
isabune y'ifuro yo koga
μπανιέρα
umuvure w'ubwogero
ποτήρι
ikirahure cyo kunywesha
πλυντήριο ρούχων
imashini imesa
βρύση
robine
πλακάκια
amakaro
γιογιό
igikono bitumamo
νεροχύτης
ravabo

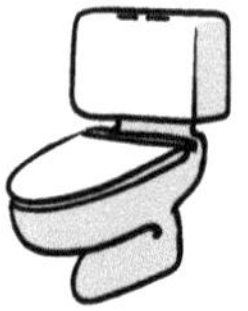

τουαλέτα

ubwiherero

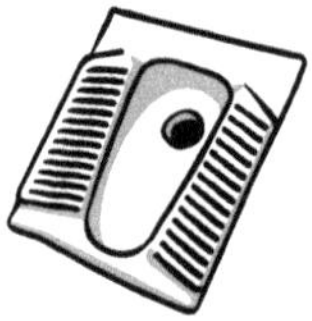

τούρκικη τουαλέτα

umusarani wo gusutama

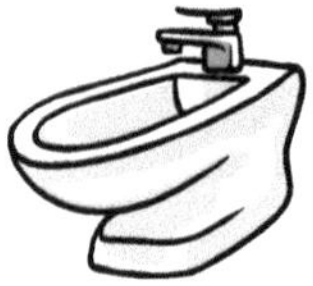

μπιντές

igikono cy'ubwiherero bwo mu nzu

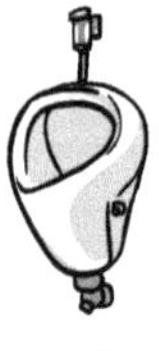

ουρητήριο

aho bihagarika

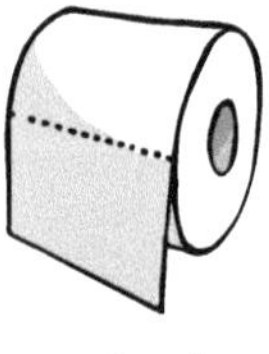

χαρτί υγείας

papiyejenike

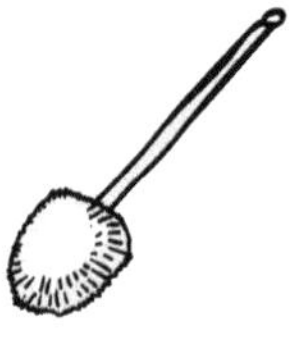

πιγκάλ

uburoso bwo mu bwiherero

οδοντόβουρτσα

uburoso bw'amenyo

οδοντόκρεμα

korogati

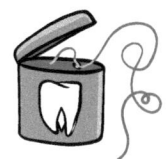

οδοντικό νήμα

akagozi ko kwihaganyuza amenyo

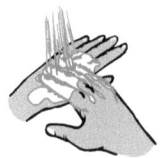

πλένω

gukaraba

τηλέφωνο ντους

akamishagira amazi ku mubiri bafata mu ntoki

ντουσιέρα

ubwogero bw'amazi yisuka

λεκάνη

lavabo bakarabiramo intoki

βούρτσα πλάτης

uburoso bwo kwitsiritisha mu mugongo

σαπούνι

isabune

αφρόλουτρο

isabune yo mu bwogero

σαμπουάν

isabune yo kumeshesha umusatsi

φανέλα

icyangwe cyo kwiyuhagiza

σιφόνι

kuyobora amazi yanduye

κρέμα

ikimuri

αποσμητικό

umubavu

καθρέφτης

ikirori cyo mu ntoki

καθρέφτης χειρός

ikirori cyo mu ntoki

ξυραφάκι

urwembe

αφρός ξυρίσματος

ifuro ryo kurinda imiburu

αφτερσέιβ

umuti ukingira imiburu

χτένα

igisokozo

βούρτσα

uburoso

σεσουάρ

imashini yumisha umusatsi

λακ

amarashi y'umusatsi

μακιγιάζ

igishahuro cyo kwitera

κραγιόν

rujalevure

βερνίκι νυχιών

verini y'inzara

βαμβάκι

ipamba

ψαλίδι νυχιών

agasena inzara

άρωμα

umubavu

νεσεσέρ

agafuka k'ibikoresho byo mu bwogero

σκαμπό

intebe

ζυγαριά

umunzani

μπουρνούζι

ikanzu yo kujyana mu bwogero

ελαστικά γάντια

udupfukantoki two gusukuza

ταμπόν

urubindo

πετσέτα υγιεινής

udupapuro two kwihanaguza mu bwiherero

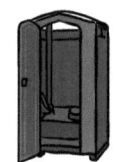

χημική τουαλέτα

ubwiherero bwimukanwa

παιδικό δωμάτιο
icyumba cy'abana

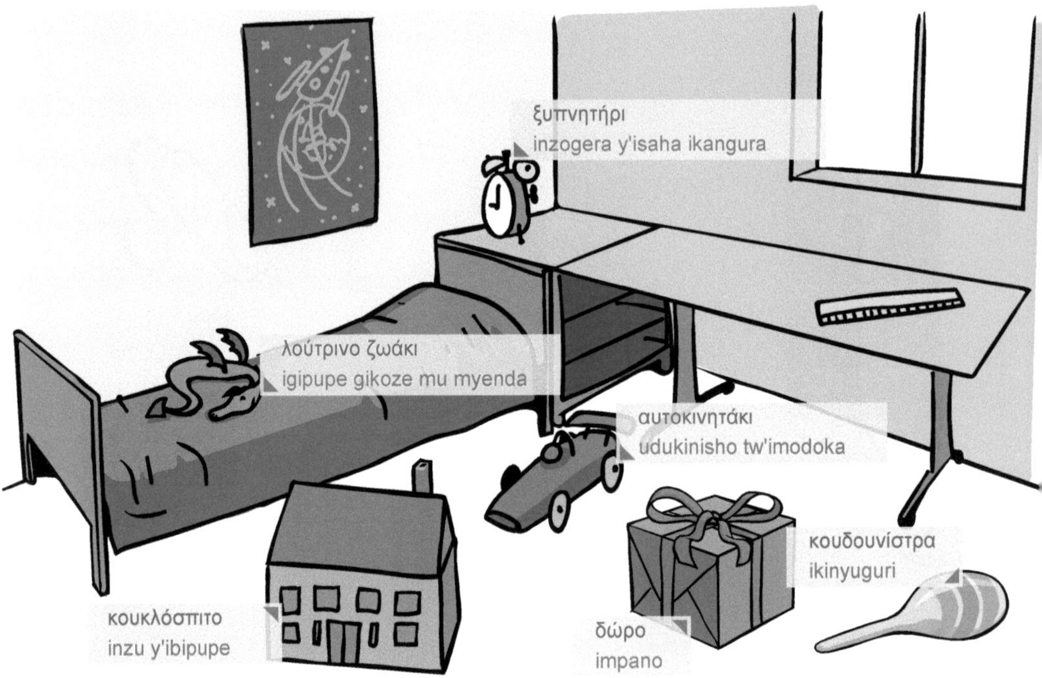
ξυπνητήρι
inzogera y'isaha ikangura
λούτρινο ζωάκι
igipupe gikoze mu myenda
αυτοκινητάκι
udukinisho tw'imodoka
κουδουνίστρα
ikinyuguri
κουκλόσπιτο
inzu y'ibipupe
δώρο
impano

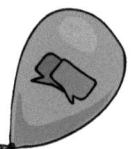

μπαλόνι

ballon

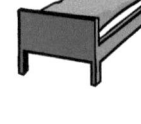

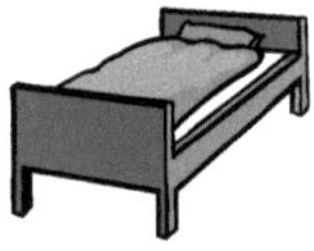

κρεβάτι

igitanda

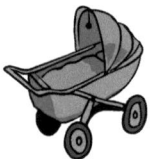

καροτσάκι

agapusipusi

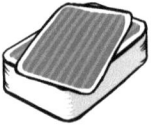

τράπουλα

amakarita

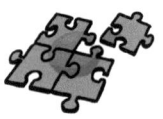

παζλ

kubaka ishusho bacagaguye

κόμικς

inkuru isetsa

τουβλάκια lego

gucomekanya udutafari

τουβλάκια κατασκευών

udutafari tw'udukinisho

φιγούρα δράσης

igikinisho

βρεφικό φορμάκι

ipinjama y'uruhinja

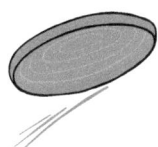

φρίσμπι

gutera indege

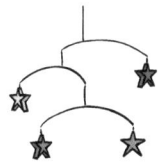

μόμπιλο

terefoni ngendanwa

επιτραπέζιο παιχνίδι

imikino yo kuganiriraho

ζάρια

igisoro

σετ τρενάκι

gariyamoshi y'igikinisho

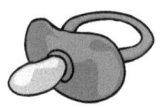

πιπίλα

ikinyonyo

πάρτι

umunsi mukuru

εικονογραφημένο βιβλίο

arubumu

μπάλα

umupira

κούκλα

agapupe

παίζω

gukina

σκάμμα με άμμο

igikarito cy'umucanga

κούνια

urwicundo

παιχνίδια

ibikinisho

κονσόλα βιντεοπαιχνιδιών

agasanduku k'imikino yo kuri videwo

τρίκυκλο

akagare k'imipine itatu

αρκουδάκι

igipupe k'ibyoya

ντουλάπα

akabati k'imyenda

ρούχα

imyambaro

κάλτσες

amasogisi

καλτσοδέτες

amasogisi afatanye n'ikariso

καλσόν

kora

κασκόλ
akitero

ομπρέλα
umutaka

ζώνη
umukandara

μπλουζάκι
agapira ko hejuru

μπότες
bote

παντόφλες
inkweto zo kubyukan

αθλητικά παπούτσια
superese

σανδάλια
isandari

παπούτσια
inkweto

γαλότσες
bote za kawucu

εσώρουχο
imyenda y'imbere

σουτιέν
isutiye

φανέλα
isengeri

σώμα

body

παντελόνι

ipantalo

τζιν παντελόνι

ikoboyi

φούστα

ijipo

μπλούζα

ishati y'abagore

πουκάμισο

ishati

πουλόβερ

umupira w'imbeho

πουλόβερ

umupira w'ingofero

σακάκι

agakoti

μπουφάν

ijaketi

παλτό

ikoti

αδιάβροχο πανωφόρι

ikoti ry'imvura

κοστούμι

umwambaro w'ibikino

φόρεμα

ikanzu

νυφικό

ikanzu y'abageni

κοστούμι

kostitimu

νυχτικό

ikanzu yo kurarana

πιτζάμες

ipinjama

σάρι

umukenyero w'abahindikazi

μαντήλι

igitambaro cyo mu mutwe

τουρμπάνι

urugori

μπούρκα

umwitandiro uhisha isura

καφτάνι

ikanzu ndende

μουσουλμανικό ένδυμα

igishura

ολόσωμο μαγιό

imyenda yo
kwidumbaguzanya

ανδρικό μαγιό

ikariso yo
kwidumbaguzanya

σορτς

ikabutura

αθλητική φόρμα

tereningi

ποδιά

itaburiya

γάντια

udupfukantoki

κουμπί

igipesu

γυαλιά

amadarubindi

βραχιόλι

igikomo

περιδέραιο

umukufi

δαχτυλίδι

impeta

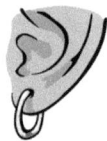

σκουλαρίκι

iherena

καπέλο

ingofero

κρεμάστρα

porutemanto

καπέλο

ingofero

γραβάτα

karuvati

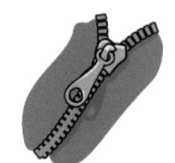

φερμουάρ

imashini yo ku mwenda

κράνος

kasike

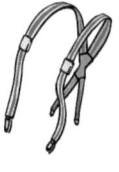

τιράντες

amaburuteri

μαθητική στολή

umwambaro w'ishuri

στολή

impuzankano

σαλιάρα

agakingirankonda

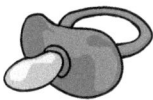

πιπίλα

ikinyonyo

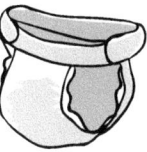

πάνα

amaranje

γραφείο
ibiro

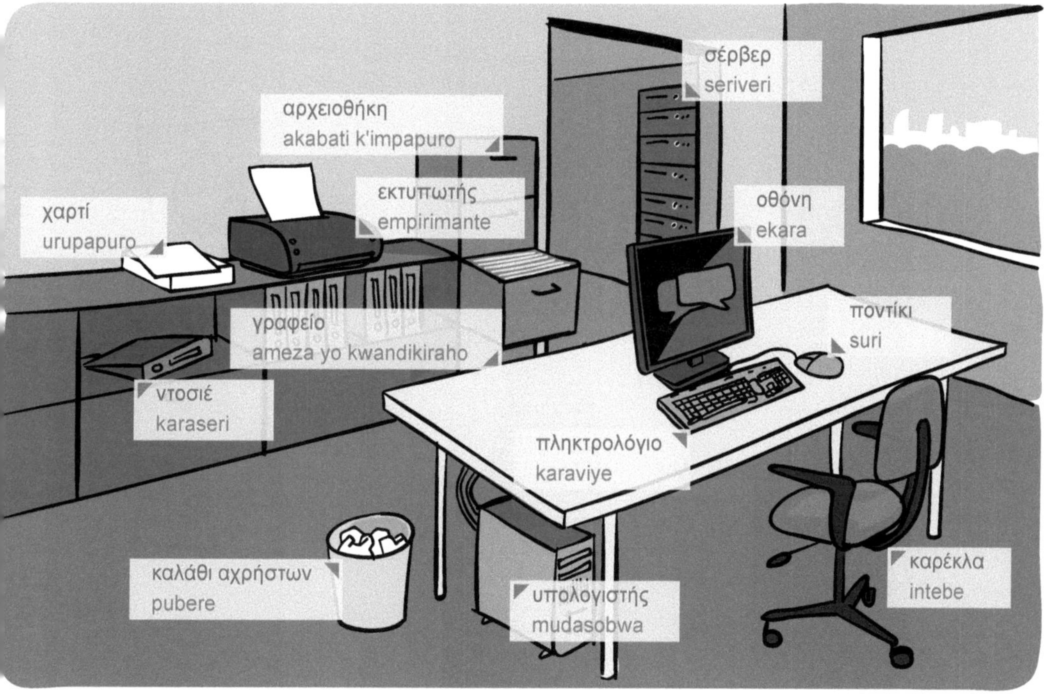

σέρβερ
seriveri

αρχειοθήκη
akabati k'impapuro

εκτυπωτής
empirimante

οθόνη
ekara

χαρτί
urupapuro

γραφείο
ameza yo kwandikiraho

ποντίκι
suri

ντοσιέ
karaseri

πληκτρολόγιο
karaviye

καλάθι αχρήστων
pubere

υπολογιστής
mudasobwa

καρέκλα
intebe

κούπα του καφέ

igikombe k'ikawa

κομπιουτεράκι

akabarisho

ίντερνετ

enterineti

λάπτοπ

laputopu

γράμμα

ibaruwa

μήνυμα

ubutumwa

κινητό

ngendanwa

δίκτυο

netiwake

φωτοτυπικό μηχάνημα

fotokopiyeze

λογισμικό

porogaramu

τηλέφωνο

telefoni

πρίζα

purize

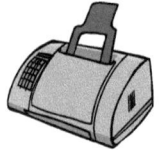

συσκευή φαξ

imashini yohereza fagisi

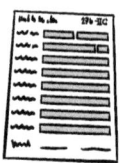

έντυπο

fomu

έγγραφο

inyandiko

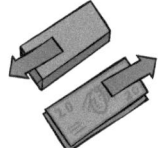

αγοράζω

kugura

πληρώνω

kwishyura

συναλλάσσομαι

gucuruza

χρήματα

amafaranga

δολάριο

idorari

ευρώ

iyero

γιεν

iyeni

ρούβλι

irubure

ελβετικό φράγκο

ifaranga ry'irisuwisi

ρενμίνμπι γιουάν

iriyuwani

ρουπία

irupi

ΑΤΜ (αυτόματη ταμειακή μηχανή)

icyuma cya banki babikurizaho

ανταλλακτήρια
συναλλάγματος
ku muvunjayi

χρυσός
zahabu

ασήμι
feza

πετρέλαιο
peteroli

ενέργεια
ingufu z'amashanyarazi

τιμή
igiciro

συμβόλαιο
kontaro

φόρος
tagisi

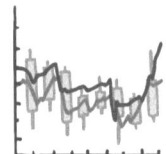

μετοχή
isoko ryo kugura no
kugurisha

δουλεύω
gukora

υπάλληλος
umukozi

εργοδότης
umukoresha

εργοστάσιο
uruganda

κατάστημα
iduka

επαγγέλματα
imirimo

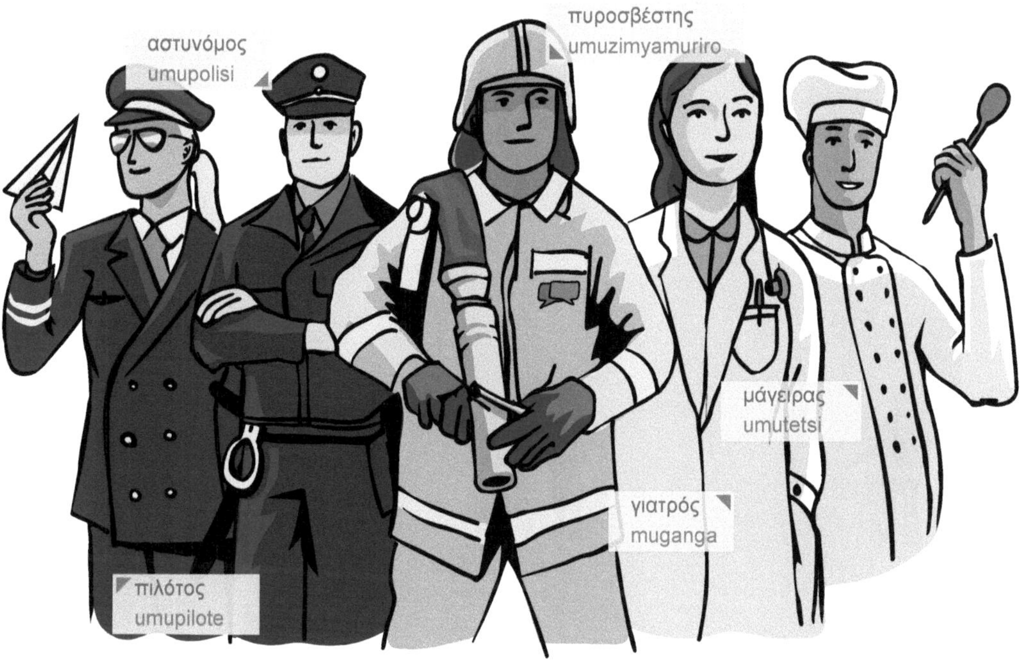

πυροσβέστης
umuzimyamuriro
αστυνόμος
umupolisi
μάγειρας
umutetsi
γιατρός
muganga
πιλότος
umupilote

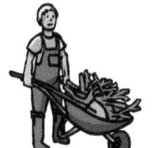

κηπουρός
umujaridiniye

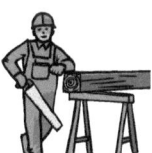

ξυλουργός
umubaji

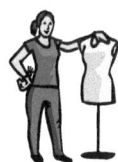

μοδίστρα
umudozi

δικαστής
umucamanza

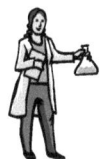

χημικός
umunyabutabire

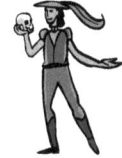

ηθοποιός
umukinnyi wa filimi

οδηγός λεωφορείου

umushoferi wa bisi

ταξιτζής

umushoferi wa tagisi

ψαράς

umurobyi

καθαρίστρια

umugore ushinzwe gukora isuku

τεχνίτης στεγών

umufundi usakara

σερβιτόρος

umuseriveri

κυνηγός

umuhigi

ζωγράφος

umuntu usiga irangi

αρτοποιός

Umuntu ukora imigati

ηλεκτρολόγος

Umuntu ukora mu mashanyarazi

οικοδόμος

umufundi

μηχανολόγος

injenyeri

κρεοπώλης

umubazi

υδραυλικός

umutnu ukora mu mazi

ταχυδρόμος

umuparanto

στρατιώτης

umusirikare

αρχιτέκτονας

umwubatsi

ταμίας

umubitsi

ανθοπώλης

umuntu ukora mu by'indabo

κομμωτής

kimyozi

ελεγκτής εισιτηρίων

komvuwayeri

μηχανικός

umukanishi

καπετάνιος

kapiteni

οδοντίατρος

muganga w'amenyo

επιστήμονας

umuhanga muri siyansi

ραβίνος

rabi

ιμάμης

imamu

μοναχός

umumwane

ιερέας

umuyobozi w'idini

εργαλεία
ibikoresho

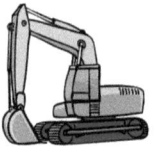

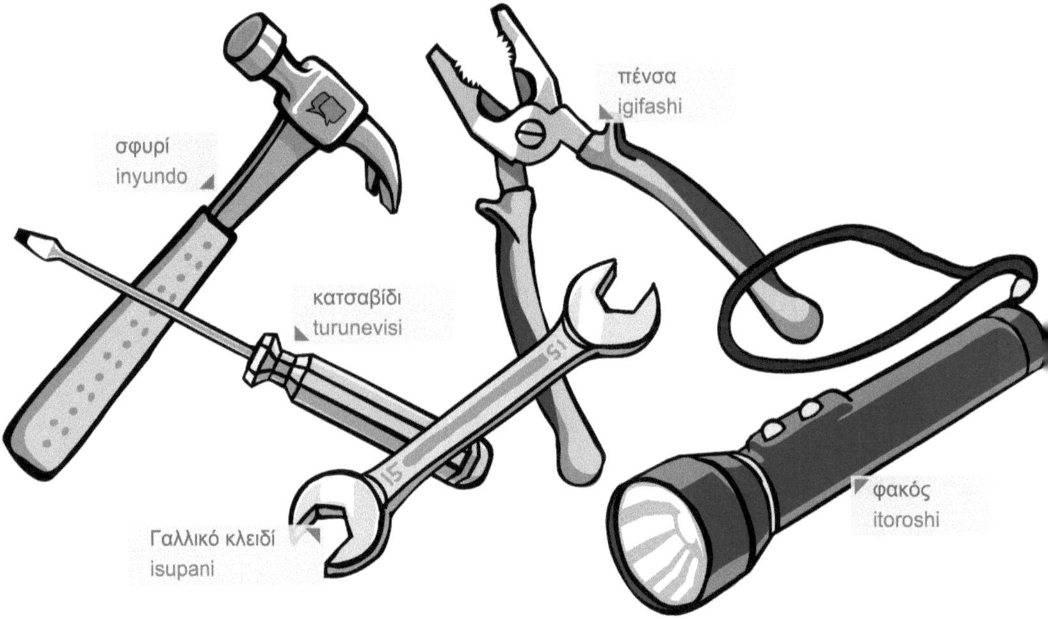

πένσα
igifashi
σφυρί
inyundo
κατσαβίδι
turunevisi
φακός
itoroshi
Γαλλικό κλειδί
isupani

εκσκαφέας

ipiki

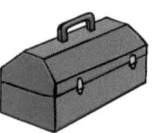

εργαλειοθήκη

isanduku y'ibikoresho

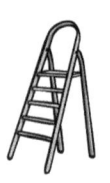

σκάλα

urwego

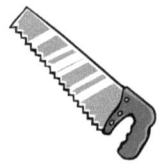

πριόνι

urukero

καρφιά

imisumari

τρυπάνι

itindo

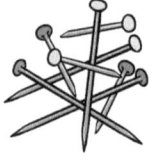

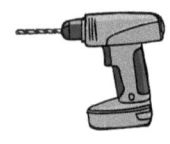

επισκευάζω

gusana

φτυάρι

igitiyo

Να πάρει!

wo gacwa we

φαράσι

igitiyo

δοχείο χρωμάτων

igikombe k'irangi

βίδες

amavisi

μουσικά όργανα
ibyuma by'umuziki

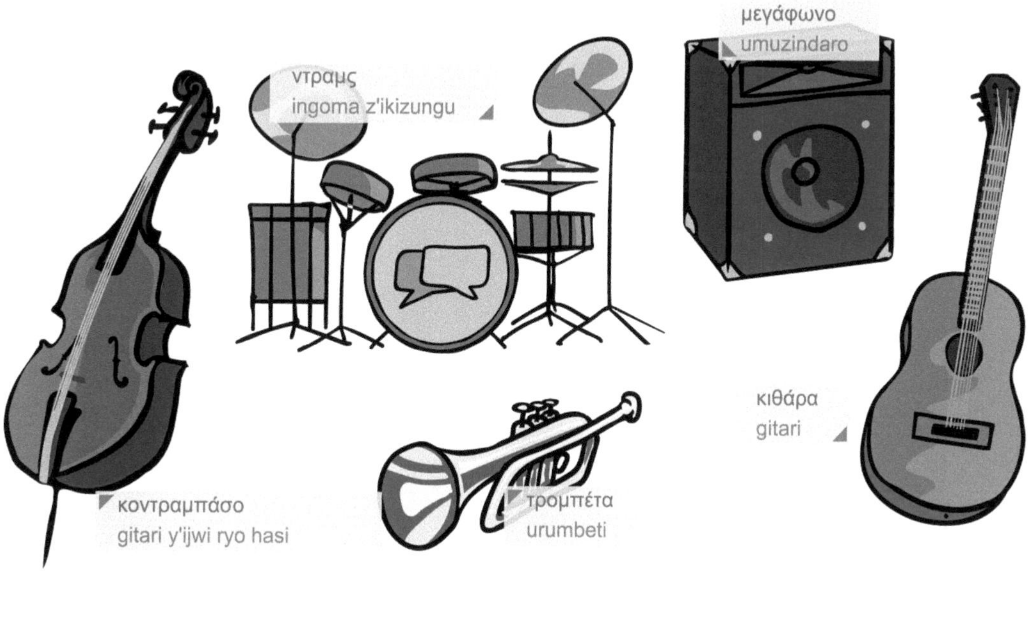

ντραμς
ingoma z'ikizungu

μεγάφωνο
umuzindaro

κιθάρα
gitari

κοντραμπάσο
gitari y'ijwi ryo hasi

τρομπέτα
urumbeti

πιάνο

piyano

βιολί

iningiri

μπάσο

gitari idunda

τύμπανα

sembare

τύμπανο

ingoma

πλήκτρα

inanga ya kizungu

σαξόφωνο

sagisofone

φλάουτο

umwirongi

μικρόφωνο

indangururamajwi

ζωολογικός κήπος

zoo

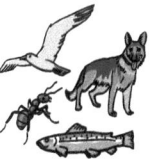

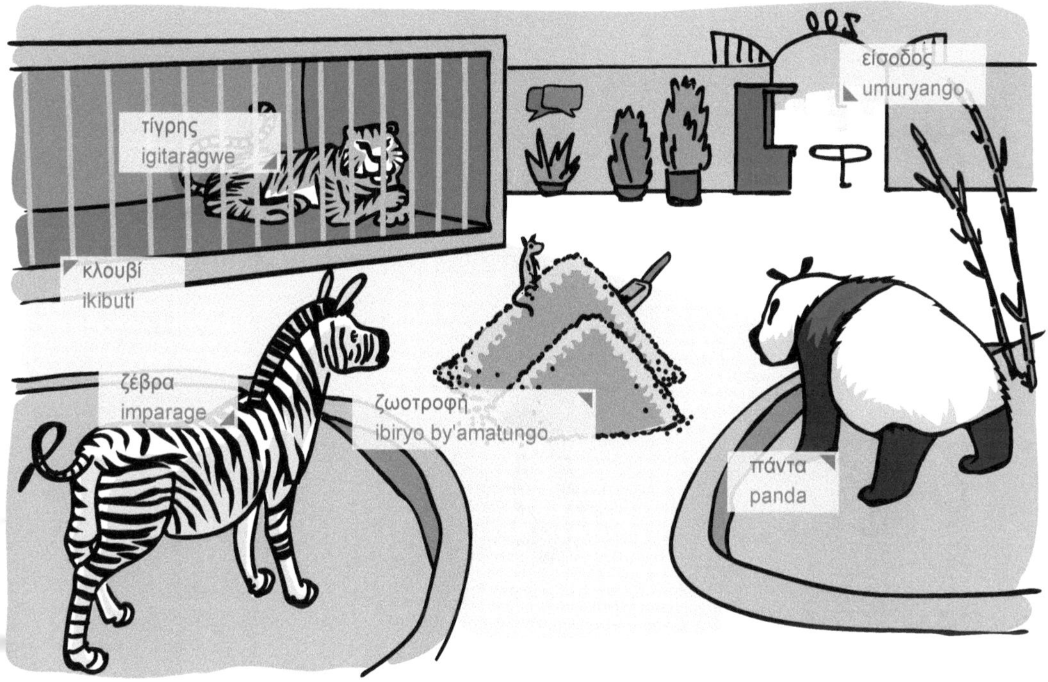

είσοδος
umuryango
τίγρης
igitaragwe
κλουβί
ikibuti
ζέβρα
imparage
ζωοτροφή
ibiryo by'amatungo
πάντα
panda

ζώα

inyamaswa

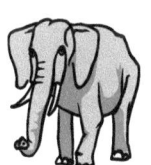

ελέφαντας

inzovu

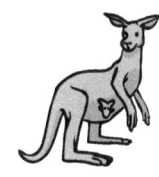

καγκουρό

kanguru

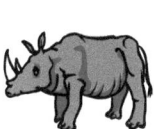

ρινόκερος

inkura

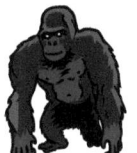

γορίλας

ingagi

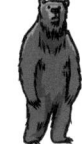

αρκούδα

idubu

καμήλα

ingamiya

στρουθοκάμηλος

imbuni

λιοντάρι

intare

πίθηκος

inguge

φλαμίνγκο

uruyongoyongo

παπαγάλος

gasuku

πολική αρκούδα

idubu yo mu bukonie

πιγκουίνος

inyoni yo ku mazi

καρχαρίας

igifi kinini

παγώνι

inyoni y'amasunzu

φίδι

inzoka

κροκόδειλος

ingona

φύλακας ζωολογικού κήπου

umurinzi

φώκια

umuhuri

τζάγκουαρ

ingwe

πόνυ

icyana k'ifarasi

λεοπάρδαλη

ingwe

ιπποπόταμος

imvubu

καμηλοπάρδαλη

umusumbarembo

αετός

inkona

αγριογούρουνο

isatura

ψάρι

ifi

χελώνα

akanyamasyo

θαλάσσιος ίππος

igifi k'imikaka

αλεπού

umuhari

γαζέλα

isha

Αμερικάνικο ποδόσφαιρο
Futuboro y'abanyamerika

ποδηλασία
gusiganwa ku magare

αντισφαίριση
tenisi

μπάσκετ
Basiketi

κολύμβηση
umukino wo koga

πυγχαμία
umukino w'amakofe

χόκεϋ επί πάγου
Hoke yo ku rubura

ποδόσφαιρο

umupira w'amaguru

μπάντμιντον

umukino wa badminton

στίβος

abakina imikino
ngororamubiri

χάντμπολ

handibolo

σκι

guserereka kuri neje

πόλο

polo

δραστηριότητες
ibikorwa

γελάω
guseka
πηδάω
gusimbuka
αγκαλιάζω
guhobera
περπατάω
kugenda
τραγουδάω
kuririmba
ονειρεύομαι
kurota
προσεύχομαι
gusenga
φιλάω
gusomana

A

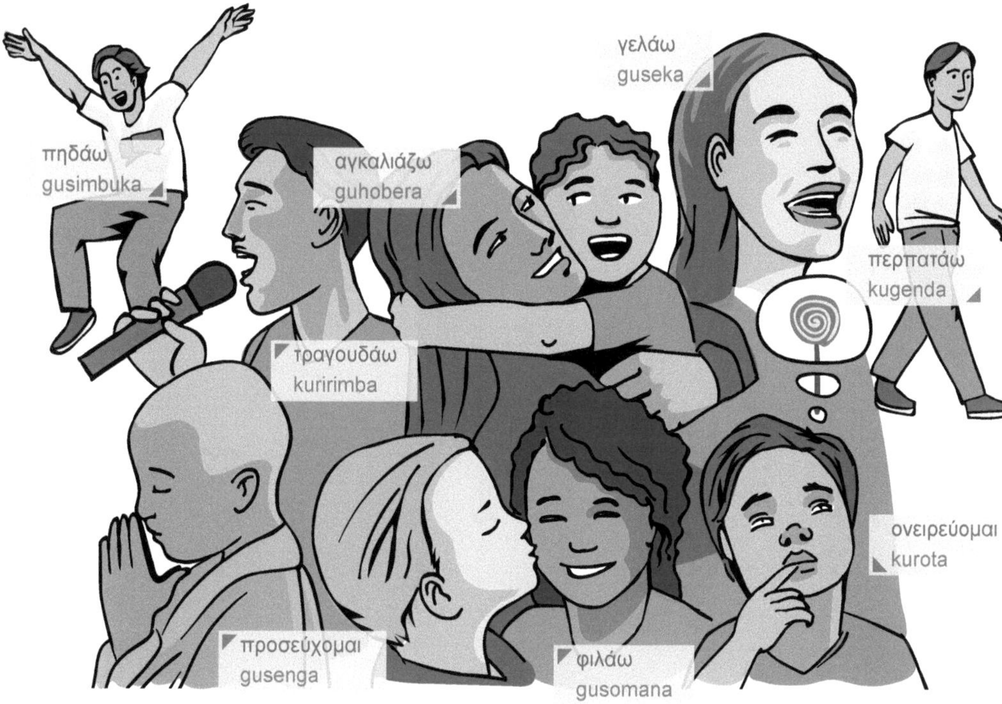

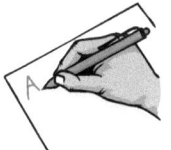

γράφω

kwandika

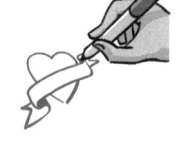

σχεδιάζω

gushushanya

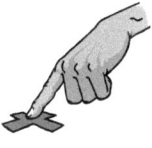

δείχνω

kwerekana

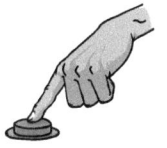

πιέζω

gusunika

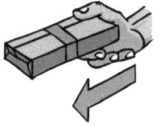

δίνω

gutanga

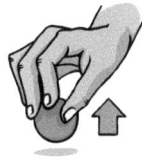

παίρνω

gufata

έχω

kugira

κάνω

gukora

είμαι

kuba

στέκομαι

guhaguruka

τρέχω

kwiruka

τραβάω

gukurura

ρίχνω

kujugunya

πέφτω

kugwa

ξαπλώνω

kuryama

περιμένω

gutegereza

κουβαλώ

kwikorera

κάθομαι

kwicara

φοράω

kwambara

κοιμάμαι

gusinzira

ξυπνάω

gukanguka

κοιτάω

kureba

κλαίω

kurira

χαϊδεύω

kwagaza

χτενίζω

gusokoza

μιλάω

kuvuga

καταλαβαίνω

gusobanukirwa

ρωτάω

kubaza

ακούω

kumva

πίνω

kunywa

τρώω

kurya

συγυρίζω

gushyira ku murongo

αγαπάω

gukunda

μαγειρεύω

guteka

οδηγώ

gutwara imodoka

πετάω

kuguruka

κάνω ιστιοπλοΐα

kugashya

υπολογίζω

kubara

διαβάζω

gusoma

μαθαίνω

kwiga

δουλεύω

gukora

παντρεύομαι

kurongora

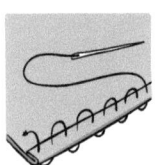

ράβω

kudoda

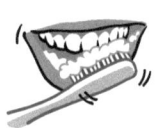

βουρτσίζω τα δόντια

uburoso bw'amenyo

σκοτώνω

kwica

καπνίζω

kunywa itabi

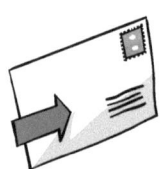

στέλνω

kohereza

οικογένεια
umuryango

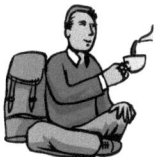

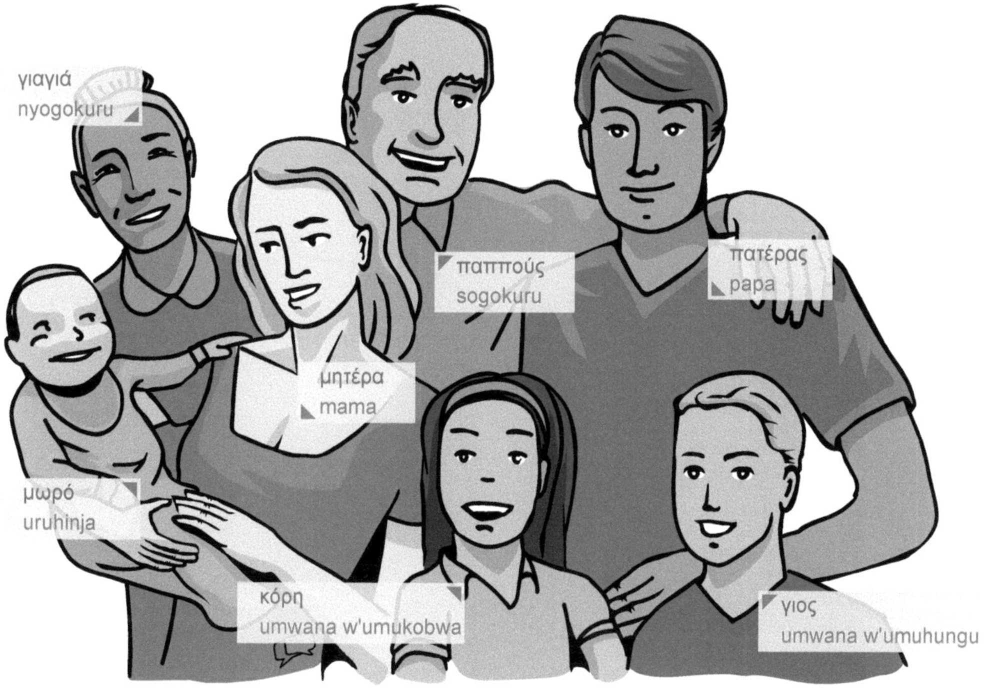

γιαγιά
nyogokuru
παππούς
sogokuru
πατέρας
papa
μητέρα
mama
μωρό
uruhinja
κόρη
umwana w'umukobwa
γιος
umwana w'umuhungu

καλεσμένος

umushyitsi

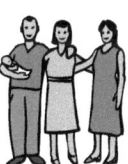

θεία

masenge

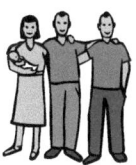

θείος

marume

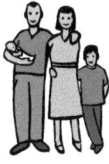

αδελφός

musaza wange

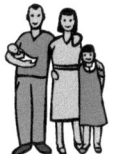

αδελφή

mushiki wange

σώμα
umubiri

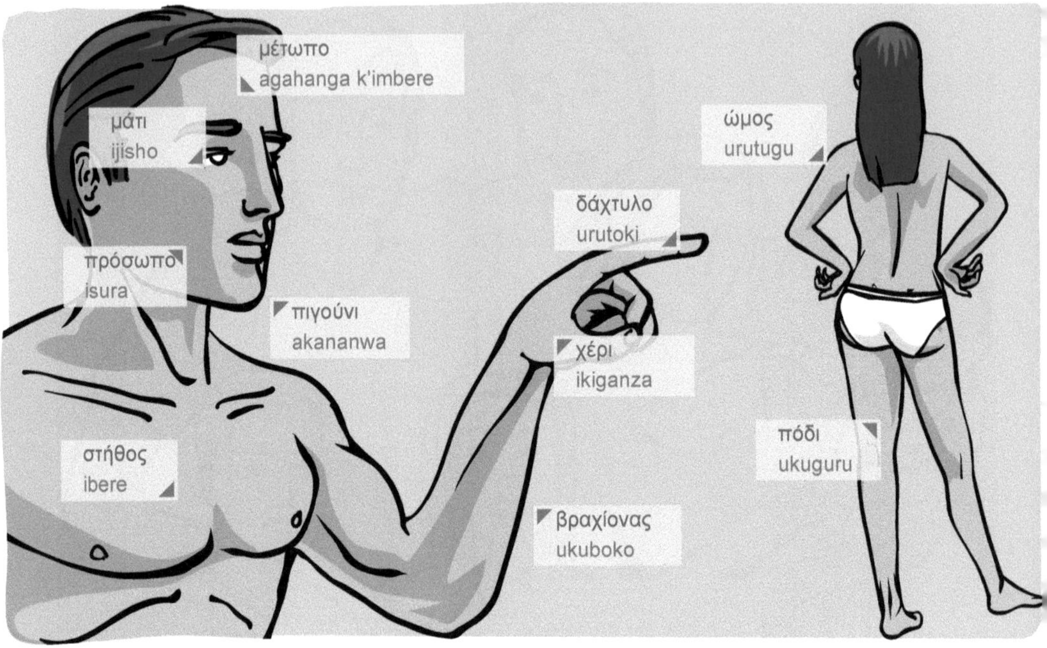
μέτωπο
agahanga k'imbere
μάτι
ijisho
ώμος
urutugu
δάχτυλο
urutoki
πρόσωπο
isura
πιγούνι
akananwa
χέρι
ikiganza
πόδι
ukuguru
στήθος
ibere
βραχίονας
ukuboko

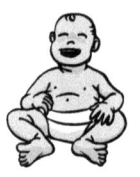

μωρό

uruhinja

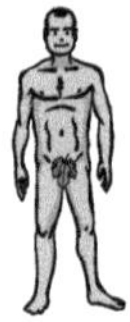

άνδρας

umugabo

γυναίκα

umugore

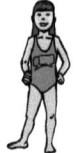

κορίτσι

umukobwa

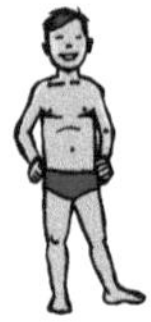

αγόρι

umuhungu

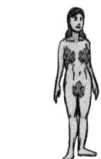

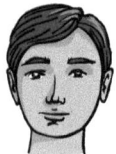

κεφάλι

umutwe

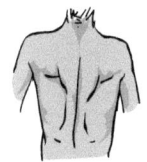

πλάτη

umugongo

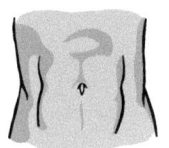

κοιλιά

inda

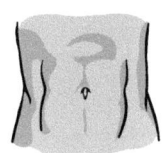

αφαλός

umukondo

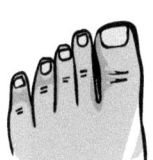

δάχτυλο ποδιού

ino

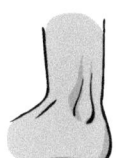

φτέρνα

agatsinsino

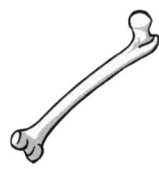

κόκκαλο

igufa

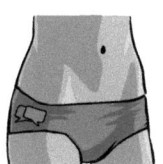

γοφός

amayunguyungu

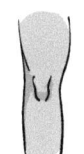

γόνατο

ivi

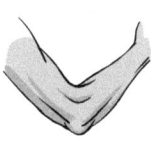

αγκώνας

inkokora

μύτη

izuru

γλουτός

ikibuno

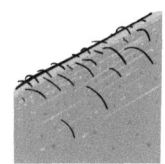

δέρμα

uruhu

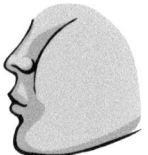

μάγουλο

itama

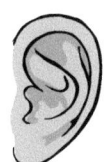

αυτί

ugutwi

χείλος

umunwa

σώμα - umubiri

στόμα

mu munwa

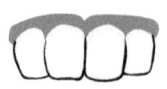

δόντι

iryinyo

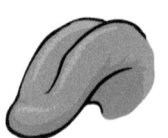

γλώσσα

ururimi

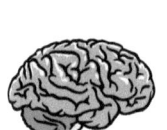

εγκέφαλος

ubwonko

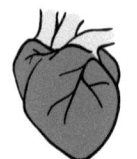

καρδιά

umutima

μυς

umutsi

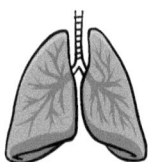

πνεύμονας

ibihaha

συκώτι

umwijima

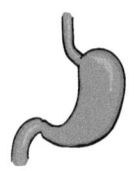

στομάχι

igifu

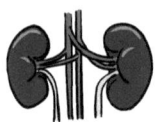

νεφρά

impyiko

σεξουαλική επαφή

igitsina

προφυλακτικό

agakingirizo

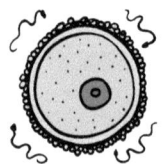

ωάριο

intanga

σπέρμα

amasohoro

εγκυμοσύνη

gusama inda

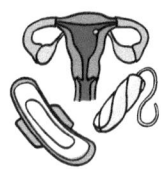

περίοδος

imihango

γυναικείος κόλπος

igituba

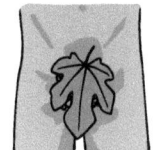

πέος

imboro

φρύδι

ibitsike

μαλλιά

umusatsi

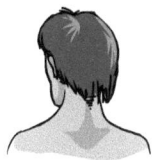

λαιμός

ijosi

νοσοκομείο
ibitaro

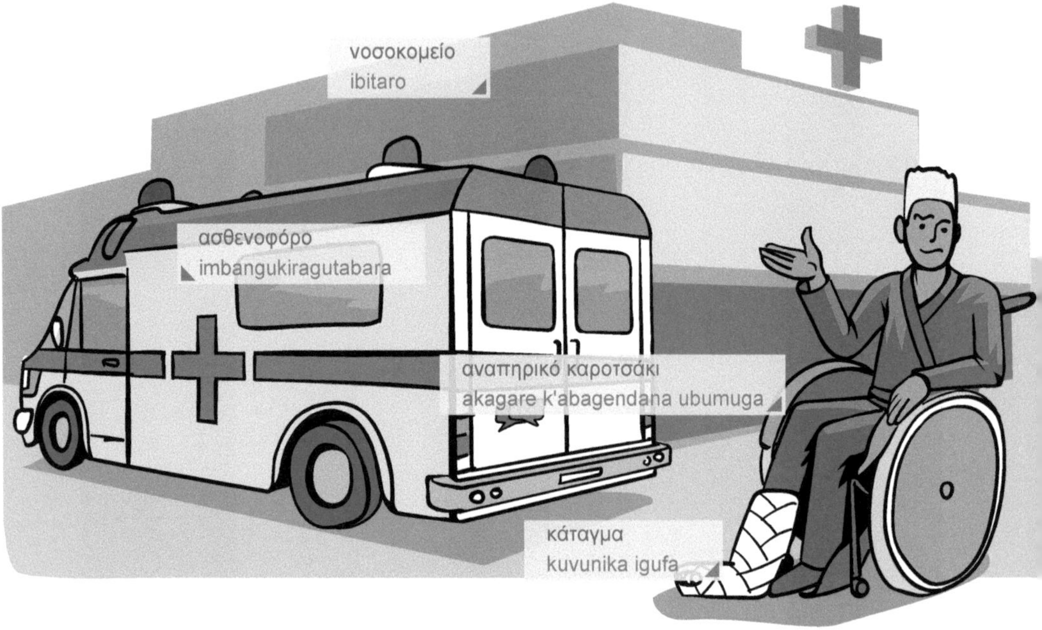

νοσοκομείο
ibitaro
ασθενοφόρο
imbangukiragutabara
αναπηρικό καροτσάκι
akagare k'abagendana ubumuga
κάταγμα
kuvunika igufa

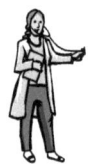

γιατρός

muganga

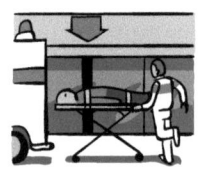

μονάδα εντατικής θεραπείας

icyumba k'indembe

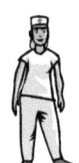

νοσοκόμα

umuforomo kazi

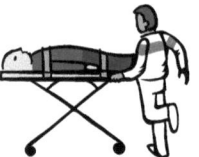

έκτακτη ανάγκη

mu ndembe

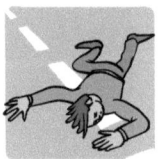

λιπόθυμος

guta ubwenge

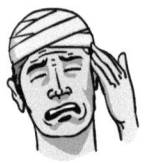

πόνος

ububabare

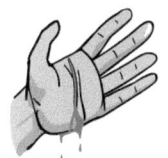

τραύμα

igikomere

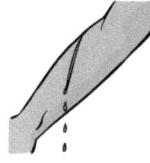

αιμορραγία

kuva amaraso

έμφραγμα

gufatwa n'umutima

εγκεφαλικό

kuziba k'udutsi two mu bwonko

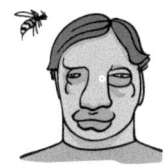

αλλεργία

kwivumbura k'umubiri

βήχας

inkorora

πυρετός

umuriro

γρίπη

ibicurane

διάρροια

impiswi

πονοκέφαλος

kurwara umutwe

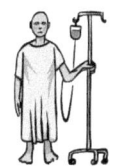

καρκίνος

kanseri

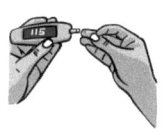

διαβήτης

diyabete

χειρουργός

muganga ubaga

νυστέρι

icyuma kibaga umurwayi

εγχείρηση

kubagwa

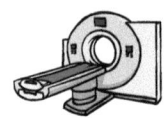

αξονική τομογραφία

ifoto yo mu cyuma

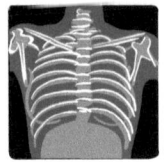

ακτινογραφία

radiyo

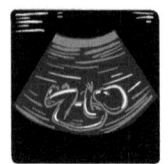

υπέρηχος

isuzuma rikoresha amajwi

μάσκα

agapfukamunwa

ασθένεια

indwara

αίθουσα αναμονής

icyumba bategererezamo

πατερίτσα

imbago yo kwicumba

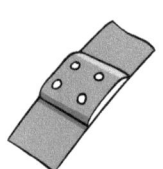

χάνσαπλαστ

pasema

επίδεσμος

igipfuko

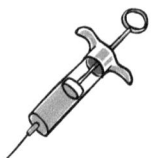

ένεση

urushinge

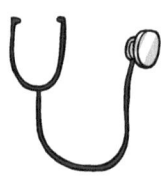

στηθοσκόπιο

igipimo cy'umutima

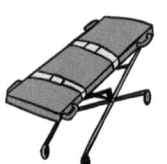

φορείο

burankari

θερμόμετρο

igipimo cy'umuriro

γέννηση

ivuka

υπέρβαρο

umubyibuho ukabije

ακουστικό βαρηκοΐας

inyunganirangingo y'amatwi

αντισηπτικό

umuti wica mikorobe

λοίμωξη

ubwandu

ιός

virusi

HIV/AIDS

Virusi itera sida / Sida

φάρμακο

ubuganga

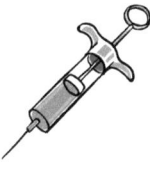

εμβολιασμός

gukingira

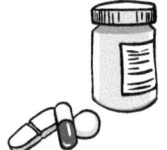

δισκία

ibinini

χάπι

ikinini

κλήση έκτακτης ανάγκης

guhamagara byihutirwa

πιεσόμετρο αίματος

igenzura ry'umuvuduko
w'amaraso

άρρωστος / υγιής

urwaye / ufite amagara
meza

Βοήθεια!

Ntabara!

συναγερμός

inzogera itabaza

βιαιοπραγία

gusagarira

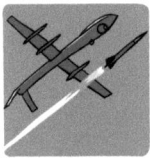

επίθεση

igitero

κίνδυνος

icyateza amakuba

έξοδος κινδύνου

umuryango unyuramo ukiza amagara

Φωτιά!

Inkongi!

πυροσβεστήρας

ikizimyamuriro

ατύχημα

impanuka

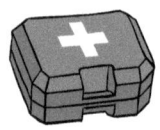

κουτί πρώτων βοηθειών

ibikoresho by'ubutabazi bw'ibanze

SOS

induru itabaza

αστυνομία

polisi

Ευρώπη

Uburayi

Βόρεια Αμερική

Amerika y'Amajyaruguru

Νότια Αμερική

Amerika y'Amagepfo

Αφρική

Afurika

Ασία

Aziya

Αυστραλία

Ositarariya

Ατλαντικός Ωκεανός

Atalantika

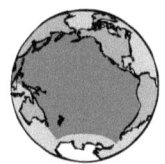

Ειρηνικός Ωκεανός

Oasifika

Ινδικός Ωκεανός

Inyanja y'Abahinde

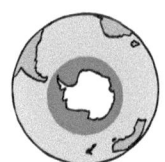

Ανταρκτικός Ωκεανός

Inyanja y'Antagitika

Αρκτικός Ωκεανός

Inyanja y'Arigitika

Βόρειος Πόλος

Amajyaruguru y'Isi

Νότιος Πόλος

Amagepfo y'Isi

Ανταρκτική

Antaragitika

Γη

Isi

γη

ubutaka

θάλασσα

ikiyaga

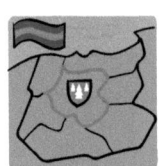

νησί

ikirwa

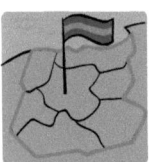

έθνος

igihugu

πολιτεία

Ieta

κανττράν ρολογιού

kadere y'isaha

ωροδείκτης

urushinge rw'amasaha

λεπτοδείκτης

urushinge rw'iminota

δείκτης δευτερολέπτων

urushinge rw'amasegonda

Τι ώρα είναι;

ni isaha ki?

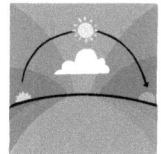

ημέρα

umunsi

χρόνος

igihe

τώρα

nonaha

ψηφιακό ρολόι

isaha y'imibare

λεπτό

iminota

ώρα

amasaha

εβδομάδα
icyumweru

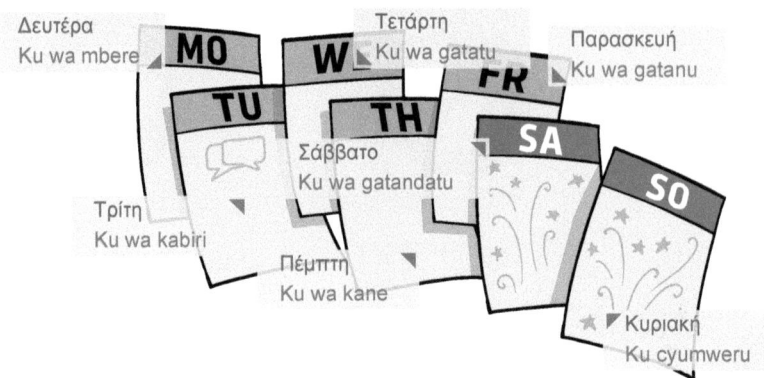

Δευτέρα
Ku wa mbere

Τετάρτη
Ku wa gatatu

Παρασκευή
Ku wa gatanu

Τρίτη
Ku wa kabiri

Σάββατο
Ku wa gatandatu

Πέμπτη
Ku wa kane

Κυριακή
Ku cyumweru

χθες
....
ejo hashize

σήμερα
....
none

αύριο
....
ejo hazaza

πρωί
....
igitondo

μεσημέρι
....
saa sita

βράδυ
....
ku mugoroba

εργάσιμες ημέρες
....
iminsi y'akazi

Σαββατοκύριακο
....
wikendi

έτος
umwaka

βροχή
imvura
ουράνιο τόξο
umukororombya
άνεμος
umuyaga
χιόνι
neje
άνοιξη
urugaryi
καλοκαίρι
iki
φθινόπωρο
umuhindo
χειμώνας
igihe cy'ubukonje

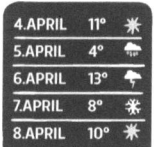

4.APRIL 11°
5.APRIL 4°
6.APRIL 13°
7.APRIL 8°
8.APRIL 10°

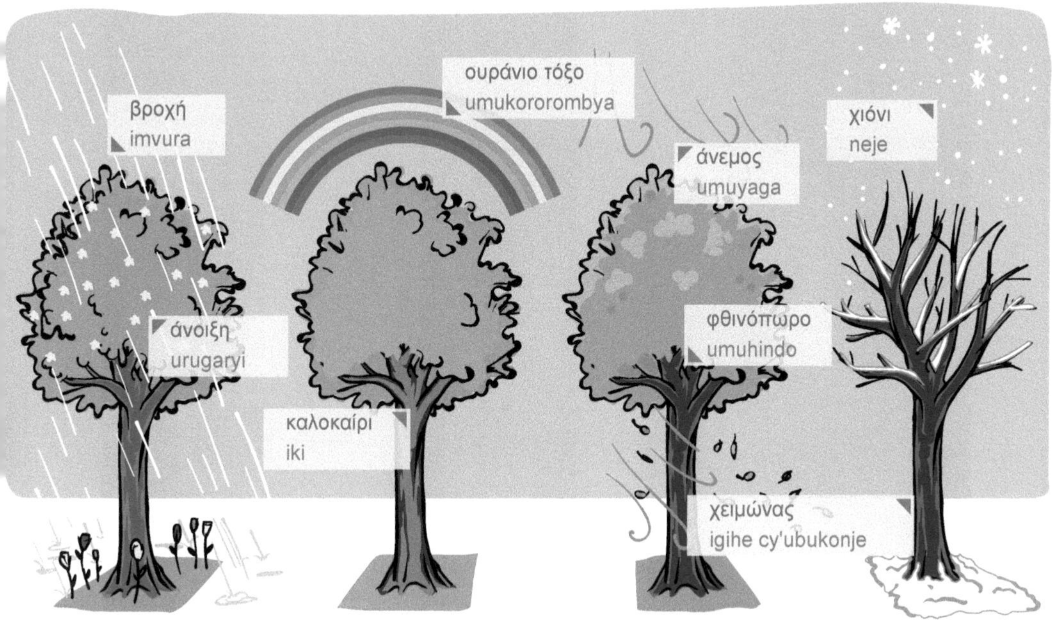

πρόγνωση καιρού

iteganyagihe

F C
120 40
90 30
60 20
30 10
0 0
-30 -10
-20

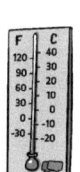

θερμόμετρο

igipimo cy'ubushyuhe

λιακάδα

izuba rirashe

σύννεφο

ibicu

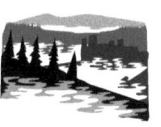

ομίχλη

ibihu

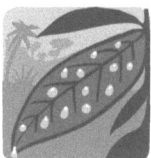

υγρασία

ububobere

αστραπή

umurabyo

κεραυνός

inkuba

καταιγίδα

umuhengeri

χαλάζι

urubura

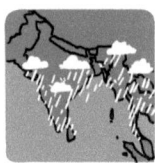

μουσώνας

imiyaga ihuha iturutse mu
nyanja

πλημμύρα

umwuzure

πάγος

barafu

Ιανουάριος

Mutarama

Φεβρουάριος

Gshyantare

Μάρτιος

Werurwe

Απρίλιος

Mata

Μάιος

Gicurasi

Ιούνιος

Kamena

Ιούλιος

Nyakanga

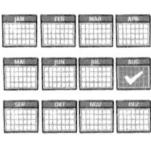

Αύγουστος

Kanama

Σεπτέμβριος
....
Nzeri

Οκτώβριος
....
Ukwakira

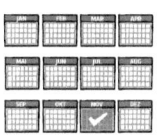

Νοέμβριος
....
Ugushyingo

Δεκέμβριος
....
Ukuboza

σχήματα
amaforoma

κύκλος
....
uruziga

τετράγωνο
....
mpandenye

ορθογώνιο
παραλληλόγραμμο
urukiramende

τρίγωνο
....
mpandeshatu

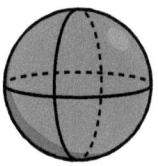

σφαίρα
....
umubumbe

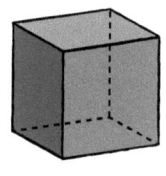

κύβος
....
kibe

άσπρο

umweru

κίτρινο

umuhondo

πορτοκαλί

oranje

ροζ

iroza

κόκκινο

umutuku

μωβ

isine

μπλε

ubururu

πράσινο

icyatsi kibisi

καφέ

igihogo

γκρι

ikigina

μαύρο

umukara

πολύ / λίγο

byinshi / bike

θυμωμένος / ήρεμος

urakaye / utuje

όμορφος / άσχημος

mwiza / mubi

αρχή / τέλος

intangiriro / impera

μεγάλος / μικρός

kinini / gito

φωτεινός / σκοτεινός

gikeye / kijimye

αδελφός / αδελφή

musaza / mushiki

καθαρός / λερωμένος

gisukuye / cyanduye

πλήρης / ατελής

kirangiye / kitarangiye

ημέρα / νύχτα

umunsi / ijoro

νεκρός / ζωντανός

wapfuye / muzima

φαρδύς / στενός

hagari / hafunganye

βρώσιμος / μη βρώσιμος

kiribwa / kitaribwa

κακός / ευγενικός

umugome / ugwa neza

ενθουσιασμένος / βαριεστημένος

ushishikaye / warambiwe

παχύς / λεπτός

ubyibushye / unanutse

πρώτος / τελευταίος

mbere / nyuma

φίλος / εχθρός

inshuti / umwanzi

γεμάτος / άδειος

cyuzuye / kirimo ubusa

σκληρός / μαλακός

gikomeye / cyoroshye

βαρύς / ελαφρύς

kiremeye / kitaremereye

πείνα / δίψα

inzara / inyota

άρρωστος / υγιής

urwaye / ufite amagara meza

παράνομος / νόμιμος

kemewe n'amategeko / kibujijwe n'amategeko

έξυπνος / χαζός

umunyabwenge / igicucu

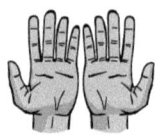

αριστερός / δεξιός

iburyo / ibumoso

κοντινός / μακρινός

hafi / kure

καινούριος /
μεταχειρισμένος

gishya / cyakoze

τίποτα / κάτι

nta kintu gihari / hari ikintu
gihari

γέρος | νέος

ushaje / muto

αναμμένος / σβηστός

atsa / zimya

ανοιχτός / κλειστός

gifunguye / gifunze

χαμηλόφωνος /
μεγαλόφωνος
ucecetse / usakuza

πλούσιος / φτωχός

ukize / ukennye

σωστός / λανθασμένος

ni byo / si byo

τραχύς / λείος

hahanda / hahehereye

λυπημένος / χαρούμενος

urakaye / wishimye

κοντός / μακρύς

mugufi / muremure

αργός / γρήγορος

urandaga / wihuta

υγρός / στεγνός

utose / wumye

ζεστός / δροσερός

ashyushye / ahoze

πόλεμος / ειρήνη

intambara / amahoro

0
μηδέν
zeru

1
ένα
rimwe

2
δύο
kabiri

3
τρία
gatatu

4
τέσσερα
kane

5
πέντε
gatanu

6
έξι
gatandatu

7
εφτά
karindwi

8
οκτώ
umunani

9
εννιά
icyenda

10
δέκα
icumi

11
έντεκα
cumi na rimwe

12

δώδεκα

cumi na kabiri

13

δεκατρία

cumi na gatatu

14

δεκατέσσερα

cumi na kane

15

δεκαπέντε

cumi na gatanu

16

δεκαέξι

cumi na gatandatu

17

δεκαεφτά

cumi na karindwi

18

δεκαοκτώ

cumi n'umunani

19

δεκαεννέα

cumi n'icyenda

20

είκοσι

makumyabiri

100

εκατό

ijana

1.000

χίλια

igihumbi

1.000.000

εκατομμύριο

miliyoni

Αγγλικά

Icyongereza

Αμερικάνικα Αγγλικά

Icyongereza
cy'Abanyamerika

Μανδαρίνικα Κινέζικα

Igishinwa k'ikimandarini

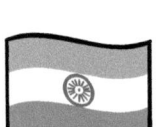

Χίντι

Igihindi

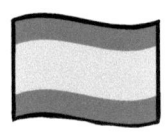

Ισπανικά

Ikesipanyoro

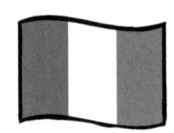

Γαλλικά

Igifaransa

Αραβικά

Icyarabu

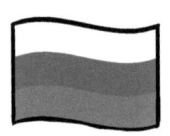

Ρώσικα

Ikirusiya

Πορτογαλικά

Igiporutigari

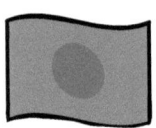

Μπενγκάλι

Ikibengari

Γερμανικά

Ikidage

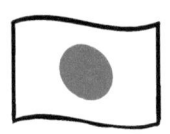

Ιαπωνικά

Ikiyapani

εγώ

ge

εσύ

wowe

αυτός / αυτή / αυτό

we / we / we

εμείς

twe

εσείς

mwe

αυτοί / αυτές / αυτά

bo

ποιος / ποια / ποιο;

nde?

τι;

iki?

πώς;

gute?

πού;

hehe?

πότε;

ryari?

όνομα

izina

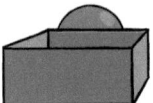

πίσω

inyuma

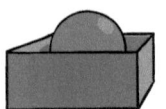

μέσα

mo imbere

μπροστά

imbere ya

πάνω από

hejuru ya

πάνω

kuri

κάτω

munsi ya

δίπλα

iruhande

ανάμεσα

hagati

μέρος

ahantu